LE MANUEL

DE LA MÉMOIRE

PAR P. HORMET

LE MANUEL

DE LA MÉMOIRE

LE
MANUEL
DE LA
MÉMOIRE

PAR P. HORMET

EDITIONS NILSSON
71, Rue Richelieu, 71
PARIS

AVANT-PROPOS

Faire revivre, par la vertu de la pensée, les émotions qui furent jadis précieuses.

Ressusciter d'une façon précise le souvenir des êtres chers.

Conserver, aussi intégralement qu'on le peut désirer, les acquisitions scientifiques ou intellectuelles.

Amplifier la fécondité des efforts, en maintenant le souvenir des apports précédents.

Entretenir une émulation efficace, par la commémoration des actes glorieux, effectués par ceux qui ont mérité une mention dans l'histoire.

Régler la fixité des évocations, en évitant la poussée déformatrice de l'imagination.

Assurer la fidélité des visions représentatives.

Développer l'expérience, en assurant l'exactitude des rappels, dépouillés des incertitudes et des confusions dont le temps les enveloppe.

Dégager avec précision les faits dont le souvenir doit être conservé de ceux dont la restitution serait entachée d'une inutile puérilité.

Tel doit être le rôle de la Mémoire, dans son attribution la plus élevée, c'est-à-dire la Mémoire cultivée, éclairée, tonifiée, celle dont un philosophe a dit :

« La mémoire doit être considérée par les humains comme un moyen d'étendre et d'amplifier leur vie. »

P . H.

PREMIÈRE PARTIE

I.—LA SOURCE DE TOUTES LES CONNAISSANCES

◢ ◢ ◢

Première Leçon

DÉFINITION DE LA MÉMOIRE

Qu'est-ce que la Mémoire ?

La Mémoire est une faculté qui permet à l'esprit de conserver les connaissances déjà acquises.

Par quel moyen ?

En renouvelant une impression déjà ressentie.

Quel est le résultat de ce renouvellement ?

Ce renouvellement donne la possibilité de revivre une émotion antérieure.

Développez cette explication ?

La Mémoire évoque, par la pensée, la perception initiale, concernant toute impression antérieure

Qu'appelez-vous perception ?

C'est l'opération par laquelle le cerveau enregistre les phénomènes qui, du dehors, parviennent à notre esprit(1).

Qu'entendez-vous par ces mots : perception initiale ?

C'est la perception première, ou, tout au moins, celle que nos souvenirs nous retracent comme étant la plus ancienne.

Y a-t-il d'autres perceptions ?

La perception initiale devrait seule prendre ce nom, mais, par extension, on le donne encore à l'opération mentale qui la remémore.

Dans ce cas ne peut-on la définir autrement ?

On lui donne le nom de souvenir.

Le Souvenir n'est-il pas désigné par d'autres expressions ?

On le nomme parfois : souvenance, et aussi : réminiscence, mais ces définitions manquent de précision, si elles s'adressent à une simple reproduction mentale.

Pour quelle raison ?

Parce qu'elles qualifient, non pas le souvenir même, mais des formes de souvenir.

(1 Voyez le *Manuel de la Volonté*. Editions Nilsson.

Qu'est-ce que la souvenance. ?

Avoir souvenance d'une chose, c'est se la rappeler d'une façon lointaine et un peu confuse.

Parlez de la reminiscence.

La Réminiscence est un souvenir inconscient, qui se manifeste dans les paroles, les écrits ou la façon d'être.

Il y a trois sortes de réminiscence :

La réminiscence inconsciente.

La réminiscence analogique.

La réminiscence volontaire.

Qu'est-ce que la réminiscence inconsciente ?

C'est une manifestation de la Mémoire, se produisant en dehors de la volonté.

Sous cette influence, des faits, des bribes de discours, ou des extraits d'écrits se retracent dans la pensée, sans qu'on se soit efforcé de ressusciter ces souvenirs.

Il arrive même très fréquemment qu'une réminiscence inconsciente incite à s'approprier une idée étrangère, comme une conception personnelle.

Qu'est-ce que la reminiscence analogique ?

C'est celle qui se produit sous l'influence d'un **rappel** analogique.

Qu'est-ce qu'un rappel analogique ?

C'est une opération de la Mémoire, rattachant la **per**

ception présente à une perception ancienne, dont la nature est cependant complètement différente.

Qu'entendez-vous par-là ?

La réminiscence analogique est la représentation, toujours involontaire, d'images anciennes, emmagasinées dans le cerveau, et qui, sous l'influence d'un rapport plus ou moins lointain ou d'un enchaînement d'idées, se trouvent ramenées dans les centres de perception.

Pouvez-vous donner des exemples de rappel analogique ?

A certaines personnes, la vue d'une fleur rappellera invinciblement le souvenir d'un être cher, qui aimait à en cultiver de pareilles.

Il en est qui, en entendant le son d'une cloche, rêvent des champs où ils passèrent leur enfance.

Pour d'autres, ce même son devient évocateur des années d'études et leur restitue, pour un moment, l'atmosphère des classes et jusqu'aux traits de leurs professeurs.

N'y a-t-il pas d'analogies encore plus lointaines ?

Il en est qui, sans la connaissance préalable de l'émotion première, ne pourraient jamais être reconstituées.

Citez un exemple.

On conte le cas d'une jeune femme, qui, dans son enfance, ayant causé l'arrestation d'une servante qu'elle avait trop légèrement accusée du vol d'un dé d'or, ne pouvait entendre parler d'un dé sans associer immédiatement à cette image, l'idée du vol et de l'injustice.

Qu'est-ce que la réminiscence volontaire ?

La réminiscence volontaire est une manifestation de la Mémoire, sollicitée par un besoin de connaissance.

La réminiscence ne se montre-t-elle que dans les paroles et les écrits ?

Elle se montre encore dans les actes, mais, dans ce cas, elle retrace presque toujours un souvenir personnel.

Expliquez-vous.

Celui dont l'esprit est envahi par les réminiscences d'un état ancien, se conduira involontairement comme s'il subissait les influences antérieures, et, par ses paroles ou ses actes, témoignera de cette réminiscence, en agissant comme il l'eût fait au temps où elle constituait pour lui le présent.

Sous quel nom désigne-t-on ces différents rappels ée perceptions anciennes ?

Sous le nom de Mémoire, dont ils sont les manifestations.

Deuxième Leçon

LES ÉLÉMENTS CONSTRUCTEURS DE LA MÉMOIRE

Qu'entendez-vous par ces mots : éléments constructeurs ?

Ce sont les éléments qui concourent à l'édification de la Mémoire.

Nommez-les.

On en compte trois principaux :

La perception, dont nous avons déjà parlé.

La conservation ou rétention.

La représentation ou reproduction.

Pouvez-vous encore parler de la perception ?

En ce qui concerne son rôle d'élément constructeur, la perception est une émotion, plus ou moins intense, une impression, vive ou terne, minime ou sérieuse, une sensation, agréable ou déplaisante, qui se produisent pour la première fois, dans la vie d'un individu.

Quel est son rôle, parmi les éléments constructeurs ?

Il est primordial, car sans la perception, la Mémoire ne pourrait pas exister.

Développez votre pensée.

La Mémoire nous aide à déterminer la nature des perceptions qui nous sont rappelées.

Si ces perceptions n'avaient pas déjà frappé l'esprit, d'une façon directe ou indirecte, il serait impossible de les définir.

Qu'appelez-vous perception directe ?

C'est celle qui s'adresse directement au cerveau par l'entremise des sens.

Qu'appelez-vous perception indirecte ?

C'est celle qui parvient à l'esprit par le moyen d'un intermédiaire.

Quels sont les principaux intermédiaires ?

La lecture et le récit.

La Mémoire ne peut-elle exister sans ces deux genres de perception ?

Non, car pour définir la nature d'une chose, il est indispensable d'avoir été préalablement instruit de l'existence de cette chose elle-même et de ses qualités attributives ; or, cette connaissance ne peut avoir lieu que par la perception.

Pouvez-vous donner des exemples ?

Le cerveau d'un homme qui n'aurait jamais entendu parler des inventions nouvelles ne se trouverait frappé par aucun souvenir en voyant un appareil téléphonique, dont il lui serait impossible de défluir l'emploi.

En revanche, le cerveau d'un homme civilisé ne recevrait aucun apport, s'il se trouvait en présence de certains instruments barbares, dont l'usage lui serait inconnu.

Il en sera de même de celui qui n'a jamais vu une arme à feu ; il se laissera mettre en joue et, au besoin, pressera lui-même la détente sans ressentir aucune appréhension, car nulle perception ancienne ne viendra susciter en son esprit l'image de la mort.

Mais celui dont la mémoire subit la vision représentative des rappels antérieurs, se rappellera le danger qu'un fusi chargé représente et évitera l'imprudence qui pourrait faire de lui une victime.

Qu'en concluez-vous ?

Pour que la Mémoire intervienne, il est essentiel qu'il y ait renouvellement de perception, donc existence infaillible de perception initiale.

Quel est le second élément constructeur ?

La conservation ou la rétention.

En quoi consiste-t-il ?

La conservation est une sorte de stagnation de l'image enregistrée par la perception.

Développez cette explication.

On pourrait considérer le cerveau comme une immense réserve dans laquelle sont emmagasinées les images. Celles-ci y séjournent, jusqu'au moment où le souvenir vient les tirer de cette obscurité pour les produire au grand jour de la connaissance.

Comment s'appelle cette dernière opération ?

La représentation ou la reproduction.

En quoi consiste-t-elle ?

La représentation est le phénomène qui renouvelle toutes les perceptions, en faisants urgir les images et en rappelant les circonstances qui ont entouré leur production première.

La représentation est donc la reproduction des sensations qui ont frappé les sens ou l'intellectualité.

Le rôle des éléments constructeurs se borne-t-il là ?

Non, car ces éléments, sur lesquels s'étaie la mémoire, sont très complexes et comportent un vaste sujet d'étude.

Troisième Leçon

LA CULTURE DE LA MEMOIRE

La Mémoire peut-elle s'acquérir comme la Volonté ?

Il est incontestable que toutes les facultés concernant la mémoire s'accroissent par la culture.

Comment peut-on cultiver la perception ?

En donnant à la pente des pensées une plus grande intensité intellectuelle.

Il est bien reconnu que, chez les natures frustes, les impressions se marquent moins profondément.

Elles semblent glisser sur certaines âmes très primitives, sans y laisser d'empreintes.

Au contraire, elles imprègnent les cerveaux sensibilisés par l'éducation et y tracent des images, si virilement burinées, que, sollicitées habilement, elles devront se reproduire à chaque injonction.

La Mémoire s'accroît donc par la culture ?

La Mémoire n'échappe pas à la règle générale : toutes les facultés, quelles qu'elles soient, s'accroissent par la réflexion et par l'analyse.

Quel est le résultat de cette culture ?

La prompte représentation des perceptions anciennes, le rappel certain des connaissances déjà acquises et celui des émotions qu'il semble utile ou agréable de faire revivre.

Comment obtient-on ce résultat ?

Par l'analyse des qualités constitutives de la mémoire.

Par la connaissance des diverses façons qu'elle a de se manifester.

Par l'étude des causes qui la produisent ou l'atténuent.

Par celle des forces qui l'augmentent.

Enfin, par la pratique d'exercices mentaux et de moyens mécaniques, destinés à la fixer.

II. — LES DIVERSES FORMES DE LA MÉMOIRE

Première Leçon

LA MÉMOIRE [SUPÉRIEURE
ET LA MÉMOIRE INFÉRIEURE

La Mémoire est-elle un don naturel ?

Elle est parfois un don naturel, mais rarement à l'état complet.

Que voulez-vous dire par là ?

La mémoire naturelle est rarement complète, car les dons naturels de mémoire sont presque toujours répartis d'une façon inégale.

Qu'entendez-vous par ce mot : inégale ??

Il est rare que ceux dont la mémoire n'a pas été cultivée soient capables de se souvenir avec la même perfection de toutes les perceptions antérieures.

Ils gardent fidèlement la mémoire des choses qui les intéressent, où de celles vers lesquelles leur instinct les porte, mais, en ce qui regarde le reste, ils sont généralement dépourvus de souvenirs précis.

Comment expliquez-vous cela ?

Parce que, là où l'éducation mentale n'intervient pas, l'égoïsme prend toujours le pas sur les autres sentiments.

Vous avez dit que la Mémoire avait diverses façons de se manifester ?

La mémoire se manifeste en effet sous des aspects multiples.

Y a-t-il donc plusieurs sortes de Mémoire ?

Il n'y a que deux sortes de mémoire, mais elles se présentent sous une infinité de formes.

Quelles sont les deux sortes de Mémoire ?

La Mémoire naturelle ou la Mémoire inférieure.
La Mémoire acquise ou la Mémoire supérieure.

Pourquoi qualifiez-vous la première de Mémoire inférieure ?

Parce que, ainsi qu'il a été dit plus haut, elle est toujours incomplète, et, si elle se produit parfois avec une intensité déconcertante, c'est à l'état de phénomène cérébral. Dans ce dernier cas, une partie des facultés de restitution se développe avec outrance, en laissant les autres dans un état fâcheux d'atonie presque complète.

Comment définissez-vous la Mémoire acquise ?

C'est celle qui, grâce à une culture raisonnée, se pose et s'accroît de tous les efforts, conçus en vue de son augmentation.

Cette Mémoire est-elle uniforme ?

Très rarement, car on doit compter avec les tendances naturelles et admettre l'influence des penchants plus ou moins développés chez chaque individu.

Quelles sont les formes diverses de la Mémoire ?

Elles sont nombreuses et difficiles à classer intégralement. Cependant, parmi les plus répandues, on peut citer :
La Mémoire mi-consciente ou physique.
La Mémoire organique ou automatique.
La Mémoire instinctive ou héréditaire.
La Mémoire spécialisée.
La Mémoire fragmentaire.
La Mémoire circonstantielle.
La Mémoire analytique.
La Mémoire synthétique.
La Mémoire encyclopédique.
La Mémoire coordonatrice.

A quelles classifications appartiennent ces différentes formes de Mémoire ?

Les cinq premières appartiennent à la catégorie des mémoires inférieures.

Les cinq autres représentent les formes les plus usitées de la mémoire supérieure.

Dixième Leçon

LA MÉMOIRE MI-CONSCIENTE OU PHYSIQUE

Qu'est-ce que la Mémoire mi-consciente ?

La mémoire mi-consciente, qu'on nomme aussi la mémoire essentiellement physique, est celle que l'on observe chez les très jeunes enfants et qui s'édifie uniquement sur le souvenir d'une sensation physique.

Pouvez-vous donner des exemples ?

Un tout petit enfant, qu'une perception ancienne n'avertit pas du danger de la flamme, y portera volontiers la main.

Mais si le contact se produit complètement et qu'il en résulte une brûlure, l'enfant évitera à l'avenir de renouveler ce geste, car sa mémoire lui rappellera le souvenir d'une douleur, liée à l'acte de saisir la flamme.

En sera-t-il de même en ce qui concerne les sensations agréables ?

Oui, et c'est pour cette même raison qu'on voit les très jeunes enfants porter à leur bouche tous les objets dont ils peuvent se saisir, car, par une association d'idées, embryonnaire mais certaine, ils pensent à la sensation agréable de la faim rassasiée et savent que cette sensation leur est donnée par la bouche.

Cette sorte de Mémoire ne confine-t-elle pas à l'instinct ?

Elle s'en écarte, au contraire, car elle n'admet que des rappels de perceptions et elle lui est supérieure aussi, car une ombre de pensée s'y laisse déjà deviner.

Cette Mémoire reste-t-elle longtemps inconsciente ?

On la voit peu à peu s'amplifier d'une réflexion obscure, mais réelle, dont le point de départ est toujours le rappel d'une sensation physique.

Développez votre pensée.

Si la plupart des très jeunes enfants marquent une préférence pour leur mère ou leur nourrice, c'est uniquement parce que ces dernières leur rappellent confusément les soins concourant à leur bien-être physique.

Une autre personne ne pourrait-elle leur donner cette même impression ?

Non, car cette impression est due au souvenir d'une habitude agréable.

Il est incontestable qu'un enfant se trouvera plus à l'aise dans les bras de celle qui a l'habitude de le porter.

Il sait aussi que c'est près de celle qui le nourrit qu'il trouvera l'alimentation dont il est si friand.

S'il craint un contact étranger, c'est que sa mémoire lui retrace confusément le souvenir de certaines mains maladroites ou inexpérimentées.

Enfin le son d'une voix inconnue ne lui restitue ni le

souvenir des gâteries, ni celui des attentions qui accompagnent toujours les paroles de ceux qui le soignent.

Troisième Leçon

LA MÉMOIREORGANIQUE OU AUTOMATIQUE

Qu'est-ce que la Mémoire organique ?

La mémoire organique ou automatique est une sorte d'instinct, qui porte à se souvenir automatiquement de l'apprentissage auquel est toujours consacré la première enfance.

Quel est le résultat de ce rappel ?

C'est d'inciter à produire des actes, en dehors de la volonté expresse.

Développez cette explication.

C'est la mémoire automatique qui dirige les pas et dicte tous les mouvements que l'on effectue, sans que la pensée y prenne part.

Quels sont ces mouvements ?

Avancer la main pour saisir un objet.
Marcher, lever le pied pour monter un escalier, etc...

Quel est, dans ces mouvements, le rôle de la Mémoire ?

Des associations anciennes viennent, sans qu'il s'en doute,

s'interposer pour faire agir automatiquement, l'homme auquel on apprit dès son enfance que, pour éviter un heurt, susceptible d'amener une chute ou de produire une douleur, il est nécessaire de lever le pied, afin de le poser sur le degré supérieur.

Il en est de même pour l'action de marcher.

Dès sa première enfance, l'homme a dû faire de nombreux efforts, pour acquérir l'équilibre d'abord, puis pour parvenir à faire mouvoir régulièrement ses extrémités inférieures, tout en avançant chaque pied tour à tour, afin de produire le mouvement de locomotion.

Dans cette même catégorie, se classent tous les actes qui se rapportent au jeu automatique des membres.

Pourquoi qualifiez-vous ces mouvements d'automatiques ?

Parce qu'au moment où on les produit, l'idée de l'acte accompli n'a aucune répercussion dans le cerveau.

Pouvez-vous citer d'autres exemples ?

Si celui qui fait l'action d'écrire a reçu une instruction suffisante, ce geste lui sera devenu tellement familier qu'il sera seulement préoccupé de l'idée qu'il cherche à traduire, mais qu'à aucun moment le mouvement de la main conduisant la plume n'arrêtera sa pensée.

Il l'accomplira automatiquement, sous l'empire de la mémoire organique, fruit des instructions de l'enfance.

Qu'arrivera-t-il si l'étude de l'écriture n'a été qu'ébauchée ?

Dans ce cas, l'action de tracer des signes deviendra par

elle-même un sujet d'application exigeant un rappel d'efforts anciens et elle cessera de devenir automatique, puisque la pensée y prendra part.

Ce cas est-il particulier à l'écrivain ?

Il est celui de tous ceux qui sont accoutumés à reproduire souvent le même geste.

Ce mouvement, au bout d'un certain temps, leur devient si naturel qu'ils l'exécutent mécaniquement, sans y convier la pensée ; si bien que cet acte, devenu purement physique, peut être considéré comme automatique au même degré qu'un acte reflexe.

Quatrième Leçon

LA MÉMOIRE INSTINCTIVE OU HÉRÉDITAIRE

Qu'est-ce que la Mémoire instinctive ?

C'est celle qui concerne les actes dont le raisonnement est absent.

Cette mémoire, presqu'uniquement faite d'instinct, est celle qui dicte les actes reflexes concernant la conservation.

Citez quelques-uns de ces actes.

Le brusque recul devant un abîme où l'on pourrait choir. Le retrait de la main, frôlant un objet dont le contact pourrait être dangereux.

Enfin, tous les mouvements reflexes, issus de l'instinct,

dont le but principal est toujours la conservation de l'individu, poussé par le besoin obscur de la continuité des races.

Quel est, dans ceci, le rôle de la Mémoire ?

La mémoire instinctive est celle dont le germe est déposé dans chaque individu; c'est celle qui, de par la loi d'hérédité, incite aux gestes qui furent ceux de lointains aïeux, dont, à défaut de la mémoire intellectuelle la mémoire atavique se souvient.

Voulez-vous dire que chaque individu imite ses ascendants ?

L'éducation transforme et modifie tous les jours la plupart des besoins, des aspirations, des habitudes, et, en ce qui concerne la conservation de la race, le sentiment de la préservation est corrigé, chez l'homme contemporain, par celui du courage, né d'une association d'idées lui en retraçant la noblesse.

Que devient alors l'idée de conservation de la race ?

Par la vertu de la mémoire elle s'ennoblit du désir d'amélioration et d'augmentation mentales, qui fait de l'instinct de conservation une aspiration louable, au lieu de lui laisser son caractère primitif.

Quel était ce caractère primitif ?

Sans la mémoire qui glorifie la bravoure et le perfectionnement, cet instinct serait semblable à celui qui régit les actes des animaux, quand ils ne sont pas modifiés par la mémoire.

La Mémoire joue-t-elle un rôle dans la vie des animaux ?

La mémoire atavique est infiniment plus prononcée chez les animaux qui, instinctivement, se livrent dès leur naissance et, sans qu'il soit besoin pour eux d'une éducation préalable, aux mêmes actes que leurs plus lointains ascendants.

Vous dites cependant que cet instinct peut être modifié par la Mémoire ?

C'est, en effet, le souvenir, qui permet à la plupart des animaux de réfréner leurs instincts primordiaux.

Pour eux, comme pour les êtres très près de la nature, l'éducation n'est qu'une opération de la mémoire.

En quoi consiste cette opération ?

Le souvenir d'une correction empêchera un animal de répéter l'acte qui vient de la lui attirer.

En revanche, le rappel de la récompense que lui a value un acte de soumission, l'incitera à l'effectuer de nouveau, dans l'espoir de l'aubaine dont sa mémoire lui rappelle le plaisir.

Doit-on classer ce genre de rappel sous la rubrique des Mémoires inférieures ?

Si simple que soit le raisonnement que nous venons

d'énoncer, il existe néanmoins et fait franchir quelques degrés à la mémoire purement instinctive, mais elle appartient quand même à la catégorie des mémoires inférieures, car de même que le tout jeune enfant ne voit que sa satisfaction physique, l'animal, même très bien doué, n'obéit qu'au désir d'éviter un mal corporel ou à celui de se procurer une satisfaction de même sorte.

La mémoire supérieure n'est admise que là où la matérialité pure fait une place, plus ou moins grande, à l'intellectualité.

Cinquième leçon
LA MÉMOIRE SPÉCIALISÉE

Qu'est-ce que la Mémoire spécialisée ?

La mémoire spécialisée est celle qui, rebelle à ce qui concerne les autres sujets, reproduit tout ce qui touche à celui qu'elle affectionne, avec une facilité, parfois déconcertante.

Pourquoi déconcertante ?

Parce que cette mémoire, qui semble en léthargie lorsqu'il s'agit des choses les plus simples, reproduit sans peine les images les plus compliquées, les situe exactement et ressuscite, en même temps que le fait important, les plus minces incidents dont il a été entouré.

Pourriez-vous donner des exemples ?

Biervliet raconte qu'un homme, dont l'état d'esprit

était des plus élémentaires, ne pouvait parvenir à se rappeler les choses les plus rapprochées de l'instant présent,.
mais, en revanche, se souvenait de tous les enterrements
auxquels il avait assisté dans son village et mentionnait
sans se tromper la date à laquelle chacun d'eux avait eu
lieu, rappelant l'âge du défunt ainsi que le nom des assis-
tants, sans en excepter un seul.

On a vu également des gens dont la mémoire, fermée à
tout autre rappel, mentionnait, sans la moindre erreur,
la date de naissance de tous les membres de leur famille
et celle des événements principaux de la vie de ces derniers : baptême, mariage, naissance des enfants, etc., etc...

Mais cette mémoire si fidèle ne retraçait que les faits
touchant aux actes de l'état-civil.

Qu'entendez-vous par là ?

C'est-à-dire qu'après avoir pu donner exactement les
dates concernant la vie officielle d'un parent et de chacun
de ses enfants, le possesseur de cette mémoire, si singulièrement spécialisée, était incapable de déterminer la situation sociale de ce parent, pas plus que celle de ceux dont
il connaissait toutes les particularités chronologiques.

Ces cas de Mémoire spécialisée sont-ils fréquents ?

Il est rare d'en constater d'aussi nettement accusés
mais la mémoire spécialisée est une forme très fréquente des
facultés de rappe .

Comment se manifeste-t-elle dans les cas ordinaires ?

Par une propension à retenir tout ce qui concerne une certaine branche de connaissances, alors que tout ce qui se rattache aux autres reste dans le brouillard des représentations confuses, ou rentre, après un temps très court, dans le domaine de l'oubli.

N'est-ce pas le secret de certaines aptitudes ?

C'est en effet, dans les propensions à la mémoire spécialisée se présentant d'une façon moins brutale et moins exclusive qu'il faut chercher l'explication des aptitudes très bornées.

Démontrez ceci.

Avant tout, la restitution mentale s'opérant sans peine, permet d'emmagasiner une quantité plus considérable de connaissances, touchant au sujet spécial.

Les apports deviennent, par cela même, plus nombreux, plus complexes aussi, car ils s'enrichissent des souvenirs qui se présentent d'eux-mêmes, et, la facilité d'acquisition aidant, il arrive que l'étudiant élargit inconsciemment le champ d'un savoir, dont la récolte lui devient si aisément fructueuse.

Quelle autre remarque avez-vous à faire sur la Mémoire spécialisée ?

Si la mémoire en général n'est pas négligée, la mémoire

spécialisée pourra devenir un agent efficace dans l'acquisition d'une connaissance.

Pour quelles raisons ?

Parce qu'elle rendra plus aisée la culture approfondie
de la branche de science vers laquelle son possesseur se
sentira attiré en lui permettant d'étendre à d'autres scien-
ces le champ de son application.

A quelle condition ?

A condition de cultiver sérieusement la mémoire en général, car si à l'extension du savoir n'est pas adjointe une
éducation, dont le but sera de généraliser les connaissances,
au lieu de rencontrer la science, on ne trouvera que la ma-
nie, l'idée fixe ou l'obsession.

Pouvez-vous étendre cette explication ?

La mémoire est semblable à un terrain, qui, pour éviter
l'épuisement, doit donner chaque année des produits différents.

Cette théorie, bien connue des cultivateurs, doit être
celle des éducateurs de la mémoire, qui, pour rester fertile,
doit pouvoir varier ses rappels et diversifier ses évocations.

Sixième Leçon

LA MÉMOIRE FRAGMENTAIRE

Qu'est-ce que la Mémoire fragmentaire ?

La Mémoire fragmentaire pourrait prendre le nom de Mémoire tronquée, car, la plupart du temps, elle se manifeste plutôt par des réminiscences que par des souvenirs.

A quoi tient cette disposition ?

Au manque de culture de la mémoire, qui s'en tient à ces rappels nébuleux ou inconscients, au lieu de chercher à les rendre plus vivaces.

Sous quel aspect se présente la Mémoire fragmentaire ?

On pourrait comparer la mémoire fragmentaire à ces délassements enfantins nommés : « jeux de patience », se composant d'une infinité de petits fragments, qui, pris séparément, ne représentent qu'une partie de l'image complète.

Développez cette comparaison.

Il arrive parfois que l'un de ces fragments reproduise un chose dans son entier : main, tête, fleurs, etc., mais cette chose n'est jamais que la partie d'un tout, qui se peut seulement deviner sans qu'il soit possible de le préciser d'une façon certaine.

Cette incertitude est pareille à celle qui éveille la mémoire fragmentaire.

Pour quelle raison ?

Parce que, dans un cas comme dans l'autre, on doit s'en tenir aux hypothèses.

Développez votre raisonnement.

L'habitude constante d'une restitution partielle, incite à se complaire dans des rappels incomplets, dont la brièveté même, détermine la multiplicité.

Si bien que le cerveau de celui qui se contente de souvenirs fragmentaires, devient bientôt le réceptacle d'une cohue d'images tronquées, rappelant exactement le jeu auquel il était fait allusion tout à l'heure, avant que chacune de ses parcelles soit méthodiquement ajustée.

Ce genre de Mémoire se rencontre-t-il souvent ?

La coutume des reconstitutions fragmentaires est très fréquente chez les enfants, qui peuvent difficilement parvenir à fixer leur pensée et chez ceux dont l'esprit superficiel s'accommode mal du labeur de l'évocation complète.

N'ont-ils pas à souffrir de ce défaut ?

Ils en souffrent assurément, mais obscurément aussi, car il leur est impossible de se rendre compte de la provenance des mille désagréments découlant de leur défaut.

Comment peuvent-ils remédier à un mal d'origine inconnue ?

Par la culture.

Dès qu'ils auront commencé à cultiver leur mémoire, ils s'apercevront que maints tracas auraient pu leur être évités et que, là où ils ont lamentablement échoué, ils auraient pu fréquemment envisager des chances de réussite, si leur mémoire, normalement évoquée, les avait mis en garde contre certains inconvénients, dont le retour était inévitable, étant donné l'état d'esprit qui les condamnait à des rappels brisés et imparfaits.

Septième Leçon

LA MÉMOIRE CIRCONSTANTIELLE

Qu'appelez-vous : Mémoire circonstancielle ?

C'est celle qui se plaît à la restitution complète des détails, alors que le fait principal reste nébuleux.

Qu'est-ce que le fait principal ?

C'est celui qui produit les circonstances, qui, sans ce fait, n'auraient pas existé, tout au moins sous cette forme.

Qu'appelez-vous : circonstances ?

Ce sont les conditions dans lesquelles ce fait s'est accompli, le jour, le lieu qui l'ont vu surgir, tout ce qui l'a précédé, tout ce qui l'accompagne et tout ce qui en découle.

Quel est dans ceci le rôle de la Mémoire circonstancielle ?

La mémoire circonstantielle restitue fidèlement tous les détails, elle reproduit la vision exacte des lieux, des incidents les plus minimes, et ne s'attache qu'aux alentours de l'acte.

Pouvez-vous donner des exemples ?

Si le fait important s'est passé dans une rue, le témoin possédant une mémoire circonstantielle parlera avec abondance de l'animation de cette rue, il en nommera les monuments, en dénombrera les boutiques, sans oublier de mentionner les spécialités qu'on y trouve et le genre de promeneurs qu'on y rencontre.

Si le fait a eu lieu à la campagne, il vantera la beauté du site, parlera des produits de la région et louera ou critiquera la tendance d'esprit des habitants.

Si c'est une chambre qui fut le théâtre du fait, il en décrira minutieusement le mobilier, les personnes présentes, leur attitude, leur toilette et répétera les paroles sans importance qu'elles ont pu prononcer.

Pourquoi répétera-t-il surtout les paroles sans importance ?

Parce que, dans les cas de mémoire circonstantielle, les détails submergent toujours l'idée principale.

En est-il de même pour toutes les observations ?

Il en sera toujours ainsi, chez les gens possesseurs d'une mémoire circonstantielle.

D'un monument remarquable, ils ne verront que l'ornementation, sans prendre souci de la ligne.

D'un savant et substanciel discours, ils ne retiendront que l'anecdote.

Enfin, dans leur vie, ils feront aux menus incidents une place si large, que les événements sérieux les prendront au dépourvu, car il leur sera impossible de les dépouiller des puérilités qui viendront leur en masquer l'importance

Huitième Leçon

LA MÉMOIRE ANALYTIQUE

Qu'est-ce que la Mémoire analytique ?

Ce genre de mémoire occupe un degré élevé dans la hiérarchie des mémoires supérieures.

On appelle ainsi la disposition incitant à procéder par analyse dans la recherche des causes.

Qu'est-ce que l'analyse ?

C'est la décomposition des éléments d'un tout.

De quel genre sont ces éléments ?

Ce sont les éléments particls contenus dans un principe général.

Quelle est la fonction de la Mémoire analytique ?

C'est de rechercher, d'abord, puis d'énumérer, de comparer, enfin de grouper les éléments nouveaux, en faisant appel à la mémoire, qui viendra ressusciter toutes les connaissances anciennes, se rapportant à l'objet de l'analyse.

Que se passe-t-il alors ?

L'esprit, servi par la mémoire, peut étudier plus sûrement le fait nouveau, en l'associant avec les rappels se rattachant à des faits antérieurs similaires.

A quoi sert cette comparaison ?

1º A définir nettement l'objet que l'on étudie,en le comparant avec ceux de même nature, que la mémoire ainsi sollicitée retrace.

2º A tirer, ensuite, de ce rapprochement une déduction judicieuse, qui permettra de préparer un jugement équitable.

Pourquoi dites-vous : « préparer » et non : « établir » ?

Parce que la mémoire analytique ne conclut pas, elle distingue, elle détermine, elle définit, mais elle ne résume pas.

Quelle est la forme de Mémoire opposée à la Mémoire analytique ?

La mémoire synthétique.

Neuvième leçon

LA MÉMOIRE SYNTHÉTIQUE

Qu'est-ce que la Mémoire synthétique ?

C'est celle qui, contrairement à la mémoire analytique, au lieu de s'appliquer seulement à l'étude des faits isolés, en délaisse l'examen particulier pour n'en voir que l'ensemble.

La Mémoire synthétique est-elle d'une qualité supérieure à celle de la Mémoire analytique ?

On pourrait la déclarer plus complète, car il n'est pas de bonne mémoire synthétique qui ne se greffe d'une mémoire analytique.

Donnez-en la raison.

Pour grouper les éléments partiels, de façon à établir un principe général, il est nécessaire de les bien connaître, c'est-à-dire d'être en mesure d'assigner à chacun l'importance qui lui est propre.

Comment procède la Mémoire synthétique ?

Elle doit d'abord, ainsi que nous venons de le dire, connaître assez la nature de chaque détail, pour écarter tous ceux qui lui semblent négligeables.

Qu'entendez-vous par là ?

Le rôle de la mémoire synthétique pourrait être comparé à celui d'un historien qui, chargé de retracer, les phases de la vie d'un peuple, les étudierait d'abord dans leurs plus minimes détails, puis n'en conserverait que les traits principaux, tout en tenant compte du rôle de ces détails.

Développez votre pensée.

Ce sont souvent les plus minces éléments qui, par leur accumulation, décident de la physionomie particulière des événements.

Dans l'histoire d'un peuple, comme dans celle de la plupart des individus, le résultat final est souvent modifié par mille contingences, qui, prises séparément, peuvent paraître infimes, mais qui, réunies en faisceau, formeront un tout assez considérable pour influencer la conclusion.

Quelle est, en ceci, la fonction de la Mémoire synthétique ?

La mémoire synthétique, en situant les incidents minimes, en les groupant par ordre d'importance et en tenant compte de la mutation des causes, restitue à l'action principale l'atmosphère qui lui est propre.

De quelle utilité est cette restitution ?

Elle a pour objet d'établir l'intégrité du jugement, qui, suivant les conditions accompagnant le fait, maintiendra la louange ou affermira le blâme.

La Mémoire synthétique doit-elle être cultivée seulement en vue d'événements importants ?

La mémoire synthétique est précieuse dans toutes les occasions.

Elle permet de rendre des sentences équitables, aussi bien dans les circonstances ordinaires de la vie quotidienne que dans les grandes questions sociales.

Elle rend encore des services signalés à ceux qui s'adonnent aux arts ou à l'intellectualité.

Qu'entendez-vous par là ?

La mémoire synthétique donne à ceux qui la possèdent une grande faculté d'exactitude dans l'appréciation, et les gratifie d'une fidélité rare, en ce qui concerne les restitutions des visions et des auditions.

Pouvez-vous donner des exemples ?

La mémoire synthétique, en amenant à l'esprit la représentation de l'ensemble, laisse encore une place à la reproduction des détails intéressants.

S'il s'agit d'un monument, elle en retiendra d'abord l'aspect principal, la pureté des lignes, mais n'oubliera pas les ornements qui viennent mêler leur grâce à la noblesse de la forme.

Dans le rappel d'un tableau, cette mémoire enregistrera les qualités générales, sans oublier les particularités qui concourent à leur formation.

Enfin, celui qui est doué de la mémoire synthétique, s'il

veut se rappeler un discours, saura, tout en se remémorant
les qualités de style et d'éloquence qui l'ont séduit, ressusciter l'émotion initiale, en évoquant l'Idée, qu'il déga-
gera du fatras des artifices de langage et du mirage des
métaphores.

Dixième Leçon

LA MÉMOIRE ENCYCLOPÉDIQUE

Qu'est-ce que la Mémoire encyclopédique ?

C'est celle qui est susceptible d'emmagasiner un grand
nombre de connaissances.

De quel genre sont ces connaissances ?

Elles appartiennent aux genres les plus variés, car la mémoire encyclopédique les embrasse tous et retient facilement les traits principaux qui les distinguent.

La Mémoire encyclopédique a-t-elle des qualités analytiques ?

Très rarement. Le grand nombre des objets qui l'enva-
hissent ne lui permet guère d'approfondir chacun d'entre
eux et celui qui posséderait en même temps, d'une façon
naturelle, la mémoire encyclopédique et la mémoire analytique, serait un véritable privilégié.

Pourquoi dites-vous : « d'une façon naturelle ? »

Parce qu'il est très rare de rencontrer ces deux mémoires

dans un seul individu, à moins qu'il ne les ait acquises par la culture.

Comment pourrait-on qualifier la Mémoire encyclopédique ?

On pourrait dire qu'elle est simplificatrice, car elle s'attache surtout aux grandes lignes, afin de multiplier ses acquisitions.

N'y a-t-il qu'une sorte de Mémoire encyclopédique ?

La mémoire encyclopédique contient souvent une propension à l'ordre et au classement.

Dens ce cas elle se double de la mémoire classificatrice.

Quel rapport y a-t-il en ces deux mémoires ?

Dans les cas de mémoire encyclopédique comme dans les cas de mémoire classificatrice, le cerveau est le réceptacle d'une foule d'images, se présentant à la suite d'évocations, plus ou moins facilement réalisées.

Mais là s'arrête l'effort, en ce qui concerne le premier genre de ces deux mémoires.

La mémoire encyclopédique sollicitée répond, mais circonscrit sa réponse à l'objet dont il a été question, sans se préoccuper des développements qu'il pourrait comporter, ni des commentaires qu'il suscite.

Que fait la Mémoire classificatrice ?

Elle donne à chacune de ces images la place qui lui est propre, si bien que non seulement elle restitue l'apport ancien, mais grâce à ses facultés de classement, elle peut encore envisager les idées annexes, dont la représentation vient renforcer considérablement le premier rappel et peut, par suite, donner lieu à des dissertations intéressantes.

Cette Mémoire agit-elle d'après un procédé spécial ?

Ceux qui la possèdent ont toujours une tendance à grouper leurs connaissances par ordre de genre.

Tout rappel est catalogué dans leur mémoire par un rappel de même sorte. Si bien qu'il n'est aucune expression qui, chez elles, n'éveille un souvenir similaire.

Comment nommez-vous ce procédé ?

Le groupement. De même qu'un savant soigneux se gardera bien d'éparpiller au hasard des rayons de sa bibliothèque les livres qui traitent du même ordre d'idées, et prendra soin de les rassembler, afin de pouvoir les consulter sans s'imposer une fastidieuse recherche, la mémoire classificatrice groupe les éléments de même nature, afin de pouvoir, dès la première sollicitation, reproduire avec facilité les souvenirs qui s'y rapportent.

Quelle est, à votre avis, celle de ces deux mémoires à laquelle on doit accorder la priorité ?

C'est incontestablement la mémoire classificatrice, car elle n'existe qu'à la condition de posséder d'abord les qualités de la mémoire encyclopédique.

Onzième Leçon

LA MÉMOIRE COORDONNATRICE

Qu'est-ce que la Mémoire coordonnatrice ?

C'est celle qui représente les rappels combinés dans l'or_
dre qui leur est assigné, en tenant compte du rapport des
causes.

Qu'entendez-vous par là ?

La mémoire coordonnatrice fait grand cas de la forme, de
la nature et du rang, dans lequel les éléments se sont
présentés, par rapport à leurs origines ou à celle des raisons qui les lient.

Développez cette explication.

Dans les cas de mémoire coordonnatrice, l'émotion ancienne ne se trouve jamais solitairement ressuscitée, car
le propre de la coordination est, ainsi qu'il est dit plus haut,
de combiner les éléments d'après l'ordre qui les régit,
ou suivant leurs différents points de contact.

Il est donc indispensable que la mémoire coordonnatrice
se borne à une unique représentation, sans qu'il y ait dis-
sociation des éléments, et, partant de là, apparition d'une
forme de la mémoire qui n'est plus celle que l'on désigne
sous le nom de coordonnatrice.

Ce genre de Mémoire se rencontre-t-il fréquemment ?

Non, car il implique des qualités de savoir, des aspirations d'ordre et un sens de la déduction qui ne sont pas l'apanage de tous.

Cependant, il s'acquiert facilement par une culture raisonnée et appliquée.

N'y a-t-il pas d'autres formes de Mémoire ?

Il en est encore de nombreuses, mais elles découlent toutes de celles que nous venons de citer et les analyser serait risquer une fastidieuse répétition.

A quelle étude plus fructueuse est-il bon de se livrer ?

A celle de la mémoire en général.

Pouvez-vous développer ce plan ?

C'est l'étude qui va faire l'objet des autres parties de ce volume.

DEUXIÈME PARTIE

I. — LES SENS ET LA MÉMOIRE

♪ ♪ ♪

Première Leçon
LE ROLE DES SENS DANS LA MÉMOIRE

Quel est le rôle des sens dans les rappels de Mémoire ?

Celui de produire une impression que les visions représentatives ressusciteront, lorsque la mémoire sera sollicitée à ce sujet.

Qu'appelez-vous impression ?

C'est le phénomène qui se produit lorsqu'un objet impressionne nos organes physiques ou mentaux.

Quels sont les premiers atteints par l'impression ?

Les organes physiques, qui la transmettent presque immédiatement aux organes mentaux, afin que ceux-ci l'enregistrent et la définissent.

Quel lien cette impression a-t-elle avec la Mémoire ?

C'est cette impression que, dans l'avenir, un effort de

mémoire ressuscitera en la représentant, un peu atténuée, peut-être, mais très nette, si ceux qui l'évoquent ont su cultiver leurs facultés mnémoniques.

Toute impression vient-elle des sens ?

D'après Condillac, les sens sont la cause occasionnelle mais nécessaire, transmettant aux organes mentaux l'impression qui les modifient.

Pourquoi les sens sont-ils une source nécessaire ?

Parce que des sens vient la perception initiale, que les organes physiques reçoivent, avant de la transmettre aux organes mentaux qui l'enregistrent.

Qu'est-ce que l'Enregistrement ? (1)

C'est l'opération mentale, par laquelle l'esprit définit la nature de l'objet qui vient de frapper les sens.

Cette opération est-elle nécessaire ?

Elle est indispensable, mais, dans une mesure si brève, qu'on pourrait croire à la simultanéité de la sensation et de l'enregistrement.

Qu'appelez-vous Sensation ?

C'est la genèse de toute connaissance.

---

(1) *Le Manuel de la Volonté*, B. Dangennes, Editions Nilsson.

Qu'entendez-vous par ces mots : la connaissance ?

Tous les gestes et toutes les pensées peuvent se rapporter à l'évocation d'un geste semblable ou d'une pensée de même nature, constituant un rappel d'impressions précédemment éprouvées.

Voulez-vous dire que les gestes et les pensées soient toujours semblables aux gestes ou aux pensées antérieures ?

Non, car les contingences présentes viennent, la plupart du temps, modifier les perceptions anciennes.

Dans quelle mesure ?

Elles les atténuent, les exaltent, les fortifient ou les apaisent, mais les reproduisent toujours quant à la forme initiale.

On peut admettre que si, un être, parvenu à l'âge de raison, voulait prendre la peine de s'étudier sérieusement il serait étonné du peu d'impressions neuves qu'il éprouve.

Qu'appelez-vous : impressions neuves ?

Ce sont celles qui n'évoquent pas le rappel d'une sensation analogue.

Ces impressions viennent-elles toujours des sens ?

Oui, car elles sont toutes le reflet d'une sensation ancienne, que les facultés réceptives du cerveau, mises en activité par la mémoire, retracent d'une façon plus ou moins intense et plus ou moins parfaite, suivant la netteté de l'impression première et la puissance d'évocation, départie par la culture de la mémoire.

Ces impressions ne sont-elles pas parfois exclusivement morales ?

On a quelquefois classé comme impressions purement morales, l'inquiétude, le plaisir, la douleur, le désir, mais cette thèse a trouvé bon nombre de contradicteurs.

Quelle a été la conclusion de cette controverse ?

Quelques philosophes ont maintenu les impressions déterminées plus haut dans la catégorie des sensations purement morales. Locke fait naître l'inquiétude du désir.

N'est-ce pas la vérité ?

Cette opinion est combattue violemment par d'autres penseurs.

Quelle est leur théorie ?

Ils admettent que l'inquiétude soit basée sur la crainte d'une privation ou l'appréhension d'une douleur.

Or, pour redouter le mal venu de ces causes, il est nécessaire de l'avoir déjà subi ou d'en connaître les ravages.

En un mot, l'inquiétude, selon eux, ne peut venir que d'un rappel de perceptions anciennes, qui, soit directement, soit par l'intermédiaire de la lecture ou du récit, ont frappé celui que l'inquiétude assaille.

Le plaisir et la douleur sont-ils donc des éléments importants dans l'étude de la Mémoire ?

D'après maints systèmes philosophiques, ils sont les facteurs principaux de toutes les impressions régissant les facultés de mémoire, car, suivant l'intensité ou la nature des impressions, les rappels seront plus ou moins vivaces.

Que concluez-vous ?

Le rôle des sens dans la mémoire est prépondérant, car les sens sont les enregistreurs les plus certains de toutes les perceptions.

Deuxième Leçon

LE SENS DE LA VUE

Chacun des sens est-il indépendant ?

Généralement non. Cependant il est bon de les considérer séparément, surtout en ce qui concerne leur rôle dans les phénomènes touchant à la mémoire.

Quels sont ces phénomènes par rapport au sens de la vue ?

La mémoire de la vue n'est pas douteuse et il est facile de le prouver.

Faites-le.

Il est hors de doute que si un aveugle de naissance était tout à coup doué de la vue, il lui serait impossible de définir, rien qu'en considérant leur forme, les objets qu'il *verrait* pour la première fois, quand même ces objets lui auraient été minutieusement décrits.

Il en serait de même des couleurs.

Cependant il les distinguerait ?

De lui-même, non ; il lui faudrait un apprentissage pour leur attribuer à chacune leur désignation véritable,et c'est la mémoire seule qui, par la suite, lui rendrait familières les formes et les nuances.

Comment cela se ferait-il ?

Parce que, il se *rappellerait* les indications données et ferait consciemment ce que tous les hommes normaux font presque mécaniquement.

Expliquez-vous.

Ce sont les enseignements de l'enfance qui permettent à l'individu de discerner les formes et les couleurs et de leur attribuer le nom par lequel on les désigne habituellement.

Si ces couleurs et ces formes n'avaient jamais été définies devant lui, il lui serait impossible de leur assigner le nom qui leur est propre.

Il saurait qu'il existe du bleu, du vert, du rouge, etc, etc., mais n'ayant jamais eu l'occasion de les qualifier, il les confondrait, car sa mémoire ne lui permettrait pas de les classer suivant la désignation apprise.

Pourquoi avez-vous dit que les hommes faisaient mécaniquement cette opération ?

Parce qu'elle appartient à la catégorie de celles dont nous avons parlé dans le chapitre concernant la mémoire physique ou mi-consciente et qu'elle se fait machinalement, sans la participation volontaire de l'esprit.

Cette opération concerne-t-elle seulement les formes et les couleurs?

Elle est absolue en tout ce qui touche à la vue : il a souvent été prouvé qu'un aveugle-né, subitement rendu à la lumière, serait dans l'impossibilité de distinguer une forme sans opérer un contact. Il lui serait également interdit de nommer aucune des choses, dont le nom et l'usage lui seraient cependant connus, mais qui représenteraient pour lui une perception sans précédent.

Qu'entendez-vous par là ?

La connaissance visuelle n'est dispensée que par la mémoire, qui permet de retrouver et de reproduire les impressions premières.

Elle sert surtout à les distinguer.

Précisez votre pensée.

Pour distinguer un objet d'un autre, il est indispensable que la mémoire ait conservé le souvenir du premier, sinon la confusion se produirait et la classification ne pourrait avoir lieu.

Troisième Leçon

LE SENS DE L'ODORAT

Quelle est la fonction de l'odorat, par rapport à la Mémoire ?

L'odorat, comme la vue, ne peut définir que des odeurs déjà connues.

Quelle en est la raison ?

Si ces odeurs n'avaient pas déjà été perçues, la mémoire ne permettrait pas de les reconnaître.

Ne peut-il se faire qu'une odeur soit inconnue ?

Dans ce cas, il sera impossible de la désigner, si ce n'est par une opération de la mémoire, évoquant un rapprochement.

Que voulez-vous dire par ce mot : rapprochement ?

S'il est impossible d'attribuer un nom à une odeur inconnue, il est rare que la mémoire ne se rappelle pas un parfum déjà aspiré, avec lequel celui qu'on ne peut nommer a une certaine ressemblance.

On ne dira pas : « Je sens *telle* odeur ».

Mais on dira : « L'odeur que je respire et que je ne puis définir, *rappelle* telle autre odeur que je puis nommer. »

Et, dans ce cas encore, le sens de l'odorat est servi par la mémoire.

Qu'arriverait-il si l'odeur inconnue ne faisait surgir aucun souvenir précis ?

On hésiterait : la mémoire interviendrait, présentant des rappels divers, qu'elle rejetterait tour à tour, pour s'en tenir à quelque réminiscence lointaine et confuse.

Qu'adviendrait-il, si cette même odeur non définie se faisait sentir une deuxième fois ?

Pas plus que la première fois on ne pourrait lui assigner un nom ni en déterminer l'espèce, mais elle se classerait dans la mémoire sous une autre forme.

Laquelle ?

La deuxième perception de cette odeur *indéfinie* amènerait la représentation des circonstances dans lesquelles elle a été perçue, ainsi que celle du lieu, témoin de la perception et cette évocation suffirait à classer l'odeur.

N'est-ce pas là un cas de rappel analogique ?

Pas précisément, car on peut penser que cette reproduction n'a pas lieu inconsciemment, comme dans ce dernier cas.

Pouvez-vous citer un cas de rappel analogique, touchant l'odorat ?

L'odorat est un des agents les plus actifs des rappels analogiques.

On voit constamment des gens qui en percevant un parfum, se trouvent immédiatement transportés en imagination dans l'endroit où ils avaient coutume d'en être environnés.

Pour d'autres, la perception d'une odeur sera intimement liée avec un souvenir, douloureux ou gai, intellectuel ou sentimental.

Pouvez-vous citer des exemples?

Maintes gens, en sentant l'odeur du brûlé, se remémorent un incendie qui apporta un grand trouble dans leur vie.

D'autres, en respirant des essences particulièrement capiteuses, revoient l'Orient, où ils les ont respirées pour la première fois.

L'odeur du santal ressuscitera chez quelques-uns des souvenirs exotiques.

Des arômes pharmaceutiques amèneront des visions d'hôpital et de maladies.

Bref, la perception d'une odeur quelconque est toujours le signal d'une vision représentative, précise et colorée.

Quatrième Leçon

LE SENS DE L'OUÏE

La Mémoire de l'ouïe est-elle aussi vivace?

Elle est encore, pour les gens normaux, la source de nombreux rappels.

Quelle est la nature de ces rappels ?

Pour bien la définir, il est bon d'abord de discerner les trois catégories d'impressions que l'ouïe peut ressentir.

Quelles sont ces trois catégories ?

L'ouïe peut être impressionnée par :
Le son.
Le bruit.
Le bruit confus.

Qu'est-ce que le son ?

Le son est produit par les vibrations d'un corps sonore et ces vibrations s'élargissent en ondes, qui viennent frapper l'oreille.

C'est un bruit défini, dont la nature est généralement harmonieuse et toujours particulièrement évocatrice.

Qu'entendez-vous par là ?

Étant donné sa qualité de sonorité définie il ressuscite toujours une émotion, due à une audition précédente.

Le développement des ondes sonores accompagne toujours une manifestation intellectuelle, artistique ou utilitaire ; soit qu'il s'agisse d'un discours, d'une audition musicale ou d'une conversation.

Parlez du bruit.

Le bruit est une réunion de sons ou de vibrations sonores, dont toute idée d'harmonie est bannie.

Quelle différence y a-t-il entre le bruit et le son ?

Le son est un bruit défini, agréable parfois, mélodieux souvent, qui, par l'entremise des sens de l'ouïe, peut ressusciter des émotions déjà ressenties ou rappeler des circonstances que la mémoire a déjà enregistrées.

N'en est-il pas de même du bruit ?

Si l'on ne considère le bruit que dans ses manifestations confuses, on pensera que la mémoire doit y rencontrer difficilement des éléments d'analyse, puisque, ainsi qu'il vient d'être dit, le bruit confus se détermine rarement d'une façon précise.

Pour quelles raisons ?

Parce que, dès que le bruit adopte un caractère spécial, il change de nom.

Quel nom prend-t-il ?

On le désigne par celui de la chose qu'il représente.

Citez quelques-unes de ces désignations ?

Le bruit produit par une foule prendra le nom de rumeur. Les cris confus d'une foule en révolte seront qualifiés de clameur.

Celui des pas multiples de cette même foule sera nommé piétinement.

Le bruit provenant de heurts égaux, pressés et assez répétés pour se confondre, sera appelé roulement.

Celui qui est provoqué par un choc unique ou plusieurs chocs suivis, très distincts les uns des autres, est désigné sous le nom de coup.

Quel rapport existe-t-il entre ces bruits et la Mémoire ?

Le sens de l'ouïe, en renouvelant une perception déjà ressentie, permet à la mémoire de reconstituer la cause de ce bruit.

Cette reconstitution n'aurait-elle pas lieu sans la Mémoire ?

On pourrait redire à ce sujet ce qui a déjà été dit, au sujet des perceptions touchant aux autres sens.

Redites-le.

Pour attribuer à un son ou à un bruit l'appellation qui lui convient, il est nécessaire que la mémoire ait déjà eu l'occasion d'enregistrer ce bruit.

Or, pour reconstituer la cause d'un bruit, il est indispensable que la mémoire ne soit pas dépourvue des souvenirs, dont le rappel est destiné à ressusciter l'impression accompagnant chaque bruit.

Qu'arriverait-il si la Mémoire était dépourvue de souvenirs se rapportant à ces bruits ?

Celui qui les entendrait ne pourrait d'abord les déterminer.

Ce n'est que plus tard, lorsque cesserait le mutisme de la mémoire, qu'il serait à même de les définir sans se tromper, à la suite d'une opération mentale, consistant dans l'évocation des circonstances qui accompagnèrent ces bruits ou des causes qui, à sa connaissance, les ont déjà provoqués.

Que se passera-t-il alors ?

Il reconnaîtra ces bruits et en fixera la nature et l'intensité.

Qu'entendez-vous par ce mot : intensité ?

C'est la mémoire seule qui intervient dans ce jugement.
Juger du degré d'intensité d'une chose, c'est la comparer à une autre.
Or, dans l'opération de la comparaison, l'intervention de la mémoire est indispensable, car il serait impossible de déterminer le rapport existant entre deux objets, s'il n'était pas donné de les évoquer tour à tour.

Qu'en concluez-vous ?

Pour apprécier la nature d'un son ou son intensité, il est nécessaire de ressusciter le souvenir d'un son de même nature, afin de pouvoir établir un jugement, basé sur l'examen du rapport existant entre eux.

Cinquième Leçon

LE SENS DU GOUT

Quelle est la participation de la Mémoi , en ce qui concerne le sens du goût ?

Elle est aussi importante que dans ceux de la vue, de l'odorat et de l'ouïe.

Développez cette explication.

Pour discerner une saveur, il est essentiel d'avoir déjà dégusté le mets dont elle est la qualité principale.

Celui qui, pour la première fois, goûterait un fruit inconnu, ne pourrait en définir la saveur que d'une façon approximative.

Qu'entendez-vous par ce mot : approximative ?

Un jugement approximatif est l'estimation d'une valeur par une autre valeur.

Un individu ignorant la nature exacte de la saveur perçue, ne pourrait la juger que d'après des souvenirs approximatifs.

Il dira : Le goût de ce fruit rappelle à peu près celui de tel autre, mais il lui sera impossible de le définir d'une façon plus précise.

Quel est, en ceci, le rôle de la Mémoire ?

C'est la mémoire qui inspire le jugement approximatif, puisque si l'homme n'avait pas conservé la mémoire de la saveur, anciennement perçue, il lui serait impossible d'établir un rapport entre celle-ci et une saveur inconnue.

Cette opération mentale n'a-t-elle pas un autre nom ?

On la désigne souvent sous celui de : rappel des similitudes.

Qu'arrivera-t-il si cet homme goûte pour la deuxième fois au fruit inconnu ?

Ou il apprendra le nom du fruit, auquel, à l'avenir, sa mémoire associera le rappel de la saveur qui lui est propre ; ou il lui sera impossible de se renseigner exactement sur le nom de ce fruit, et, à défaut du vocable qui le désigne, il le définira dans son esprit, de telle façon qu'en le savourant de nouveau, il parviendra à une restitution complète, dans laquelle, au nom véritable, se substituera la désignation qu'il lui plaira de choisir.

Aura-t-il encore recours au rappel des similitudes ?

Non, sa mémoire lui permettra de rapporter la perception présente à celle qu'il a déjà éprouvée au sujet du même produit.

Il ne dira plus : « La saveur de ce fruit rappelle celle de tel autre ».

Il dira : « La saveur que je perçois en ce moment est

celle que j'ai déjà perçue lorsque, pour la première fois,
j'ai mangé de ce fruit dont le nom m'est inconnu. »

Que concluez-vous de ceci ?

En ce qui concerne le nom véritable du fruit, l'apport
n'existera pas, puisque la mémoire est muette.

Mais le sens du goût, servi par la mémoire, reconnaîtra
la saveur qui l'a déjà frappé.

On doit conclure que la mémoire est le facteur essentiel
du rappel de la saveur.

Sixième Leçon

LE SENS DU TOUCHER

La Mémoire exerce-t-elle sur le toucher la même influence
que sur les autres sens ?

Il a déjà été dit, au chapitre de la mémoire mi-consciente,
que le danger du contact ne pouvait être démontré que par
la mémoire.

Développez cette théorie.

Un individu auquel la mémoire serait ravie, n'hésiterait
pas à passer son doigt sur une lame tranchante, car aucun
rappel ne viendrait imposer en son cerveau la certitude
d'une blessure.

Il s'élancerait sans motif au milieu des flammes, car aucune association d'idées ne viendrait lui rappeler les ravages dus au contact du feu.

Enfin, il commettrait les imprudences les plus graves, sans se douter des désastres qu'elles pourraient entraîner, puisqu'aucune perception ancienne, aucun souvenir de lecture ou de récit ne l'avertiraient de la production infaillible des conséquences.

L'influence de la Mémoire, en ce qui concerne le sens du toucher, est-elle seulement préservatrice ?

Elle est aussi compensatrice.

De quelle façon ?

Le sens du toucher se substitue aux autres sens, en cas de disparition, momentanée ou définitive, de l'un d'eux.

Expliquez-vous plus clairement.

Pour se convaincre de cette vérité, il suffirait de constater l'importance de ce sens dans l'éducation des aveugles.

C'est par le toucher, c'est-à-dire par la perception d'un contact, qu'ils apprennent à lire et à distinguer les formes.

Quel est, en ceci, le rôle de la Mémoire ?

C'est la répétition d'un même contact qui déclanche le rappel de perceptions semblables.

Le cerveau, servi par la mémoire, renouvelle ainsi l'impression déjà reçue, et, à défaut des yeux inutiles, les doigts retrouvent le souvenir des contours qu'ils on déjà palpés.

Cette expérience ne sert-elle qu'aux aveugles ?

Elle a été faite par tous ceux qui se sont trouvés organiquement ou occasionnellement privés de la lumière.

Donnez des exemples.

Si, dans l'obscurité, une personne normale heurte un meuble, elle saura, par le toucher, en reconnaître la forme et la nature, car pendant que ses doigts subiront la perception du contact, sa mémoire enregistrera cette perception, et, presque simultanément, fera surgir devant les yeux de son esprit, l'image de l'objet que sa vue physique est dans l'impossibilité de contempler.

Cette reconnaissance n'a-t-elle lieu qu'en ce qui concerne les formes ?

Ainsi qu'il a été dit, elle intéresse non seulement la forme, mais la nature de chaque objet.

Par le toucher, et avec l'aide de la mémoire, on distinguera dans l'obscurité une étoffe de soie d'une étoffe de velours. A la consistance et à la température, on reconnaîtra le bois et le marbre, etc., etc.

Une seule condition, — est-il encore besoin de le répéter ? — s'impose à cette reconnaissance : c'est que l'objet palpé soit déjà connu, de façon à ce qu'au premier contact, la mémoire puisse intervenir, afin d'en faire surgir l'image.

Le toucher seul a-t-il une influence compensatrice ?

On peut assurer que chacun des sens subit à son tour l'influence de la mémoire et que, par sa vertu — mais par sa vertu seule — ils peuvent suppléer à l'absence, partielle ou totale, éphémère ou durable, de l'un d'entre eux.

1. — LA MÉMOIRE ET LA SENSIBILTÉ MORALE

∅ ∅ ∅

Première Leçon

LES SENSATIONS MORALES

Qu'appelez-vous sensations morales ?

Ce sont les perceptions qui, tout en dérivant d'une perception physique initiale, ont le cerveau pour théâtre principal.

Développez cette explication.

Si toutes les émotions puisent leur origine dans une sensation physique, il en est qui s'intellectualisent à tel point, qu'elles paraissent échapper à la loi de la perception physique et ne relever que des mouvements de l'âme.

Déterminez quelques-unes de ces sensations.

Elles appartiennent toutes à la catégorie des sensations qui se rapportent à ce que l'on est convenu d'appeler :

Le cerveau.

L'esprit.

Le cœur.

Comment ₹les ₹classez-vous ?

On pourrait les classer en trois groupes, qui appartien-
draient eux-mêmes à trois grandes divisions.

Parlez des trois groupes.

Les émotions cérébrales.
Les émotions intellectuelles.
Les émotions sentimentales.

Quelles sont les trois divisions ?

Chaque groupe de ces sensations peut tour à tour appar-
tenir à l'une de ces divisions, que l'on désigne sous les noms
suivants :
Les émotions nobles.
Les émotions méprisables.
Les émotions rédemptrices.

Quelles seraient les subdivisions des trois premiers groupes ?

Les émotions cérébrales comportent surtout les mani-
festations d'art, dont les principales sont :
La musique.
La peinture et la sculpture.
La littérature.
Le théâtre.
La poésie et tout ce qui se rattache au culte de la Beauté.

Parlez des subdivisions du second groupe.

La science, sous toutes ses formes.

Pouvez-vous préciser ?

C'est la recherche et c'est aussi l'acquisition de tout ce qui peut devenir un apport nouveau, joint à ceux que la mémoire a déjà emmagasinés, touchant aux choses de la science et de l'intellectualité.

Quelles sont celles du groupe des émotions sentimentales ?

Les émotions sentimentales sont des impressions déterminées par un état spécial de l'âme, qui incite à la joie ou à la souffrance, selon la pente des circonstances et des dispositions.

Les subdivisions en sont multiples.

Elles englobent toutes les émotions de l'amitié et celles de l'amour, depuis l'amour maternel, jusqu'à la passion.

Qu'appelez-vous émotions nobles ?

Ce sont les mouvements d'âme, qui sous l'influence de la mémoire, enseignant la vénération d'actes semblables, incitent à accomplir une action louable ou dispensent l'admiration envers ceux qui l'ont effectuée.

Donnez quelques précisions.

Dans les émotions nobles, on classe principalement:
La vertu, la bravoure, le dévouement, la reconnaissance, la générosité.

Qu'entendez-vous par ces mots : émotions méprisables ?

Ce sont celles qui, au lieu d'entraîner l'individu dans le

chemin du progrès moral, le maintiennent dans les entraves des passions mesquines et blâmables.

Quel est le rôle de la Mémoire dans ces sortes d'émotions ?

Il n'est jamais celui qu'il devrait être, car les émotions méprisables se produisent surtout dans les âmes de ceux qui négligent de l'appeler.

Nommez quelques émotions méprisables.

L'égoïsme, l'ingratitude, le regret, la lâcheté, la méchanceté.

Deuxième Leçon

LES EMOTIONS CÉRÉBRALES

Quelle est l'influence de la Mémoire sur les émotions cérébrales?

Elle est primordiale.

De quelle façon ?

Si l'on compare les manifestations de l'art primitif, avec celles de l'art contemporain, il est impossible de n'être pas frappé du rôle indéniable de la mémoire dans le progrès constaté.

Développez votre pensée.

Il suffit de se rendre compte des modifications subies dans chaque branche des arts, pour s'en convaincre.

Parlez de la musique.

La musique primitive ne comportait qu'une mélopée, se muant souvent en une mélodie définie.

C'est en s'inspirant des rappels musicaux suscités par ces mélopées que l'on est parvenu à concevoir d'abord la mélodie, puis l'harmonie, simple d'abord, savante ensuite, qui, se basant sur les premiers principes, s'est peu à peu augmentée de toutes les recherches de l'art moderne, puisées dans les souvenirs d'auditions anciennes.

Dites quel fut le rôle de la Mémoire dans la peinture et dans la sculpture ?

Il suffit de considérer les statues millénaires pour comprendre à quel point l'observation, fille de la mémoire, a bouleversé les conceptions antiques.

C'est la mémoire qui, en rappelant aux artistes qui ont vécu après cette période la disposition naturelle des traits, leur a démontré la naïveté des premières figures et leur a permis de reproduire plus fidèlement la nature.

C'est, non seulement le fruit de leur mémoire personnelle, mais encore celui de la mémoire de leurs devanciers, qu'ils ont recueilli ; et le résultat de ces évocations multiples leur apprit l'art de situer les plans, d'arrondir les contours et de ressusciter l'image.

Comment la Mémoire a-t-elle influencé la littérature ?

En donnant aux littérateurs la faculté d'observer, c'est-à-dire de se souvenir des événements qu'ils commentent, afin de les rappeler dans leur intégralité ou de les parer des atours de la fiction.

Quant aux poètes, c'est encore la mémoire qui leur dicte les mots qu'ils cisèlent avec art, pour dépeindre des sentiments, dont le récit est toujours la résurrection d'une émotion déjà perçue.

Parlez du théâtre.

Le théâtre n'est qu'un rappel de la vie et des circonstances qui, sans exception, sont une restitution plus ou moins complète des faits, produits par l'apparition d'émotions, dues à des évocations de la mémoire.

On a du reste remarqué qu'en littérature dramatique comme en toute question d'art, la puissance émotive se dégageant d'une œuvre, est toujours en relation directe avec l'intensité des visions représentatives que le souvenir fait surgir dans le cerveau de l'auteur.

Troisième Leçon

LES ÉMOTIONS INTELLECTUELLES

Qu'avez-vous à dire à propos des émotions intellectuelles ?

Il serait oiseux d'insister sur l'importance de la mémoire, en ce qui concerne les progrès de la science.

Personne n'ignore qu'à chaque époque la science s'est enrichie des acquisitions précédentes et que le progrès, en ce qui la concerne, pourrait être symbolisé par la masse toujours croissante des apports nouveaux, venant grossir les conquêtes anciennes.

Cependant on enregistre tous les jours de nombreuses découvertes ?

Certes. Mais chacune de ces découvertes est le fruit d'un travail, au cours duquel la mémoire est intervenue comme agent principal.

De quelle façon ?

En facilitant la rétention du souvenir, concernant les travaux qui avaient cette découverte pour but.

Selon vous, l'importance de la Mémoire est considérable dans le cas d'émotions intellectuelles ?

La mémoire, en ce qui touche les émotions intellectuelles, peut être considérée comme un facteur essentiel, sans le secours duquel ces émotions n'auraient jamais existé.

Quatrième Leçon

LES ÉMOTIONS SENTIMENTALES

Pouvez-vous parler de la Mémoire et des émotions sentimentales ?

C'est dans les émotions sentimentales que la mémoire se manifeste sous ses formes les plus diverses.

Développez cette théorie.

Dans l'amour filial, on retrouve la mémoire mi-consciente, se rapportant au besoin de protection et au souvenir des soins reçus.

Dans l'amour paternel, on retrouve la mémoire instinctive, cette mémoire ancestrale, dont les manifestations, depuis la longue chaîne des aïeux, s'amplifie du sentiment de l'augmentation et de la continuité de l'espèce.

Dans l'amour-passion se montre la mémoire atavique, imposant les ordres du vœu des races.

Dans l'amitié, on retrouve encore l'action de la mémoire, qui accroît la sympathie réciproque, en retraçant le souvenir des causes qui ont créé cette amitié : concordance des aspirations, similitude des caractères, rappel d'actes de solidarité, de dévouement, etc., etc...

Que direz-vous au sujet du dévouement ?

Le dévouement est le résultat d'une opération mentale, conseillant la générosité envers un être dont on veut le bonheur.

Où trouvez-vous la Mémoire en ceci ?

Pour savoir en quoi consiste le bonheur, il est nécessaire de se rappeler les éléments dont il se compose.

Il est donc essentiel de faire appel à des visions restituant la représentation de l'état que l'on désire créer chez l'être cher.

Quel rapport y a-t-il entre la reconnaissance et la Mémoire ?

La reconnaissance est un sentiment dérivé de la mémoire.

Etre reconnaissant, c'est conserver le souvenir des bienfaits.

C'est la vitalité des souvenirs se rapportant au service rendu, qui accentue l'intensité de la reconnaissance.

Sur quoi basez-vous cette observation ?

Sur cette preuve : Lorsqu'on veut rendre compte de l'état d'âme d'un ingrat, on dit : « Il est *oublieux* des bienfaits reçus ».

Cinquième Leçon
LES ÉMOTIONS NOBLES

Parlez des émotions nobles.

Ce sont les sentiments qui prennent naissance dans un souvenir, dont la survenue provoque une résurrection de l'enthousiasme, en même temps qu'un désir de revivre cette émotion, déjà perçue par celui qui la ressent, ou par ceux qui l'ont précédé.

Comment désigne-t-on généralement les émotions nobles ?

On les désigne souvent sous le nom de vertus.

Quelle est l'influence de la Mémoire sur la Vertu ?

Ceux qui s'efforcent de pratiquer la vertu portent en eux

la mémoire des biens qu'elle dispense. Ils n'ignorent pas non plus quelles complications douloureuses se traînent à la suite du vice.

Leur mémoire leur retrace la misère morale de ceux qui méprisent le bien, et, nantis de ces rappels, ainsi que de ceux qui concernent les conséquences heureuses de la vertu, ils n'hésitent pas à suivre une voie qu'une association d'idées, créée par la puissance des souvenirs, leur retrace comme étant celle qui conduit à l'état le plus enviable.

N'y a-t-il qu'une sorte de vertu?

Il n'y a qu'une sorte de vertu, mais, suivant les cas, elle se résout en actes magnanimes ou en petits devoirs obscurs.

Dans quel cas la Mémoire intervient-elle ?

Dans les deux cas.

L'accomplissement de ces petits devoirs obscurs dépend-il de la Mémoire ?

Entièrement.

C'est la mémoire des embarras amenés par la pénurie d'argent, qui dictera la stricte économie et ordonnera l'accomplissement des mille petits devoirs fastidieux.

C'est la mémoire de douloureuses querelles, survenues à la suite de mouvements de colère, qui imposera la patience.

C'est la mémoire des injustices subies qui aidera à la pratique de l'impartialité.

C'est la mémoire des imperfections personnelles, qui donnera naissance à la précieuse indulgence.

Enfin, c'est la mémoire des châtiments infligés aux coupables, qui incitera ceux qui pourraient encore hésiter à persévérer dans la voie, pénible parfois, mais salutaire, de la vertu.

En est-il de même pour la bravoure et la générosité ?

La bravoure et la générosité sont, entre toutes, des qualités dépendantes de la mémoire.

Développez cette théorie.

C'est le souvenir des actions d'éclat effectuées par leurs devanciers, qui déchaîne l'enthousiasme chez ceux dont l'esprit reste frappé par la beauté du geste.

C'est le souvenir des héros disparus qui fait surgir les héros présents, désireux d'imiter ou de dépasser en bravoure et en générosité ceux qu'ils aiment à prendre pour modèles en se remémorant leur gloire.

Ce sentiment ne porte-t-il pas un nom ?

L'émulation.

Quel rapport y a-t-il entre l'émulation et la Mémoire ?

Sans la mémoire, l'émulation ne pourrait exister, car si le souvenir des faits passés ne venait pas les faire revivre il ne pourrait être question de les imiter.

C'est pourquoi, de tous temps, et chez tous les peuples, la mémoire des grands hommes fut conservée et vénérée comme l'objet d'un culte.

Quel nom donne-t-on à ce culte ?

La commémoration.

Parlez plus longuement de la commémoration.

C'est une cérémonie destinée à revivifier et à consacrer le souvenir de faits, dignes de passer à la postérité.

Pour quelles raisons ?

Pour ressusciter et renouveler à travers les âges l'émotion généreuse qui découle de cet enseignement, et, par le moyen de la mémoire, arracher à l'ensevelissement de l'oubli, les actes glorieux, susceptibles de faire naître une émulation, créatrice d'actes semblables.

Sixième Leçon
LES ÉMOTIONS MÉPRISABLES

Qu'entendez-vous par ces mots : émotions méprisables ?

Les émotions méprisables sont celles qui se rattachent uniquement à l'aspiration d'une satisfaction personnelle.

Quel est, en ceci, le rôle de la Mémoire ?

C'est la mémoire qui, mal servie par des observations

superficielles ou par de faux raisonnements, fait surgir des images se rapportant toutes au bien-être ou à l'assouvissement des passions, à l'exclusion d'autres évocations.

Pourquoi la Mémoire est-elle mal servie ?

Parce que les restitutions déterminant les gestes méprisables, reposent, le plus souvent, sur une fausse perception ou sur une perception incomplète.

Développez votre pensée.

Ceux qui raisonnent d'après une fausse perception, écartent les impressions qui viendraient démentir celle qui flatte leurs désirs.

Pourriez-vous donner des exemples ?

Celui qui pratique l'égoïsme ne se représente que des souvenirs touchant les avantages personnels, en faisant abstraction des joies que dispense la générosité, et repoussant les rappels, tendant à lui démontrer tout ce que son geste ou son abstention comportent de stérilité pour le présent et de douleurs pour l'avenir.

Un avare se rappellera seulement qu'un beau mouvement l'appauvrira ou pourra amener une perturbation légère dans sa vie présente.

Mais il repousse les souvenirs, représentant la fin de certains avares, qui, après avoir traîné une vie, lamentablement bornée par le souci d'amasser, ont terminé leurs jours dans l'abandon en proie aux affres de la solitude et de l'indifférence générale.

Parlez de la méchanceté.

Si les méchants cultivaient leur mémoire, ils cesseraient vite de l'être, car ils se souviendraient des tristesses échues à leurs pareils et pourraient faire le dénombrement des joies que la pratique habituelle de la bonté dispense, en pacifiant la vie et en créant autour des bons une atmosphère de sérénité, que les méchants ne connaîtront jamais.

Vous avez nommé le regret ?

Il y a plusieurs formes de regret, dont une seulement appartient à la catégorie des émotions méprisables.

Nommez-la.

Le regret stérile.

Pourquoi le rangez-vous dans cette catégorie ?

Parce qu'il est toujours le fruit d'une lâcheté morale, qui ne sait se souvenir que pour déplorer.

Qu'est-ce qu'un regret stérile ?

C'est le chagrin d'avoir perdu un bien déjà possédé ou le dépit de n'avoir pu obtenir celui que l'on désirait s'approprier.

Ce regret, n'étant jamais suivi de résolutions viriles, ne comporte aucun enseignement et ne ressuscite que le souvenir d'une joie morte ou celui d'une pensée sans compensation.

Septième Leçon
LES ÉMOTIONS RÉDEMPTRICES

Qu'appelez-vous émotions rédemptrices ?

Ce sont toutes les autres formes du regret.

Nommez-les.

Le regret fécond.
Le remords.
Le repentir.

Pourquoi ces émotions sont-elles rédemptrices ?

Elles sont rédemptrices parce que, lorsqu'il est fécond, le regret peut être la source d'un progrès important, d'une amélioration sérieuse, et, pour les coupables, celle d'une réhabilitation complète.

Quel est, en ceci, le rôle de la Mémoire ?

C'est la mémoire qui, en même temps qu'elle ressuscite le tourment de jadis, amène encore la représentation sincère des causes qui l'ont provoqué.

Or, la mémoire bien cultivée étant affranchie du vice de la fausse perception, il est loisible à ceux qui désirent entrer dans la voie du Mieux de modifier leur vie, selon les enseignements apportés par des rappels, dont la fidélité, méprisant toute flatterie, laisse l'individu en face de sa méprise ou de ses méfaits anciens.

Qu'est-ce que le remords ?

Le remords est un vif reproche de la conscience, que la mémoire d'un méfait trouble, au point de n'accorder aucune paix au coupable qui se souvient de sa faute.

Le remords est-il stérile ?

Non, lorsqu'il engendre le repentir.

Définissez le repentir.

Le repentir est le souvenir réitéré de la faute et la re-présentation constante des regrets qu'elle suscite.

Précisez votre pensée.

Le sentiment du repentir est engendré par le rappel re-nouvelé du regret.

C'est le dernier degré de la hiérarchie des regrets. Sa manifestation est une opération mentale consistant dans les phases suivantes :

Vision représentative de la faute.

Rappel des circonstances qui l'ont accompagnée.

Reproduction mentale des événements qui en sont dé-coulés.

Évocation des bienfaits dont cette faute a arrêté le cours.

Vive représentation du mal qu'elle a engendré.

Regret de l'avoir commise.

Résurrection fréquente du même souvenir, apportant dans l'âme une amertume croissante.

Agression constante de ces rappels.

Apparition du remords.

Intervention de la mémoire, suggérant des réminiscences d'états semblables, qui n'ont pris fin que lorsque la conscience s'est montrée pacifiée par le repentir.

Enfin, dernière phase : Résolution de réparer cette faute, par tous les moyens possibles.

Que concluez-vous ?

La mémoire est l'agent le plus actif du repentir et elle est l'élément essentiel de tout rachat moral.

C'est pourquoi le remords et le repentir sont regardés comme les formes rédemptrices du regret.

TROISIÈME PARTIE

LES ÉLÉMENTS HOSTILES
ET LES FORCES FAVORABLES

ø ø ø

Première Leçon
LES DÉVIATIONS DE LA PERCEPTION

Quels sont les éléments hostiles au développement de la Mémoire ?

Ce sont tous les sentiments qui, nés d'une erreur de perception, produisent une déviation dans la forme des rappels.

Pourriez-vous citer ces élements ?

Il faudrait des volumes pour les dénombrer sans en omettre.

Nommez les principaux.

Au premier rang des éléments éminemment hostiles au développement rationnel de la mémoire, on peut compter principalement :

L'enthousiasme exagéré.

La vanité.

La tendance à la disproportion.

L'étourderie.

Bref, tous les mouvements d'âme qui sont de nature à engendrer la déviation des perceptions.

Qu'entendez-vous par là ?

La déviation des perceptions est une propension à ne voir les choses que sous un certain aspect.

Ceux qui ne savent point se garantir contre cette tendance, ne manquent pas de rapporter — et ceci, très involontairement — tout ce qu'ils voient à l'objet de leur désir ou de leur préoccupation, en faisant abstraction des contingences qui leur causeraient un déplaisir, s'ils sont optimistes, ou, s'ils sont pessimistes, en écartant systématiquement tout ce qui pourrait être propice, pour s'attarder seulement aux sujets d'inquiétude ou de déplaisir.

Quel est le résultat de cette déviation ?

Celui de compromettre la fidélité des rappels, car il est impossible de se représenter exactement par le souvenir, une impression, faussée dès l'origine.

Que se produit-il ordinairement ?

La perception première ayant subi une déviation, il est impossible que le rappel de cette perception ait lieu dans des conditions normales.

Quels sont les résultats les plus fréquents de cette déviation ?

La confusion en est le résultat le plus constant.

Pour quels motifs ?

Parce que la confusion est le reflet de ces impressions, dont la netteté est si peu accusée, que le trouble ne tarde pas à régner dans les souvenirs qui les retracent.

Qu'arrive-t-il alors ?

La mémoire, en vain sollicitée, ne restitue que des visions confuses, dans lesquelles il est impossible de retrouver dans toute sa vivacité l'émotion que l'on voudrait faire revivre.

C'est cet état d'esprit qui, en engendrant le mensonge des rappels, amplifie la propension, consistant à prendre son désir pour une réalité.

Précisez votre pensée.

Dans la cohue des images qui se pressent, sans relief certain, puisque la perception initiale faussée ne permet pas la netteté des rappels, il est difficile de distinguer clairement celle que l'on poursuit, et, l'imagination aidant, on arrive très vite à parer l'impression ancienne des oripeaux de la crainte ou du désir actuels.

La seconde partie de cette opération mentale ne porte-t-elle pas un autre nom ?

On l'appelle aussi : illusion.

Parlez de l'illusion.

C'est une forme très connue de la déviation de l'impression.

Elle tend à prêter à la perception tous les charmes dont on la voudrait pourvue.

Elle dispense une fausse beauté aux choses les moins séduisantes et les entoure d'une poésie conventionnelle, dès que celles-ci touchent à ce qui fait l'objet ordinaire du désir.

En revanche, elle refuse de reconnaître les beaux côtés ou les avantages des choses qui ne semblent pas souhaitables.

Deuxième Leçon

L'ENTHOUSIASME

Pourquoi l'enthousiasme est-il regardé comme un élément hostile ?

Parce que, non-seulement il compromet la vérité de l'impression première, mais contribue encore à altérer la conformité des souvenirs.

De quelle façon ?

En amplifiant la perception et en dénaturant l'image qu'elle représente au fur et à mesure que les visions successives se produisent.

Cette forme est-elle fréquente ?

On en voit tous les jours de multiples exemples et nombreux sont ceux que l'habitude ordinaire de l'enthousiasme rend si mauvais observateurs, qu'ils deviennent leur propre dupe.

Précisez votre pensée.

Celui qui est enclin à l'enthousiasme subit, loin du rappel des émotions une influence qui a été quelquefois désignée sous le nom évocateur de : « boule de neige ».

Que voulez-vous dire ?

Cette expression désigne la série des rappels successifs, dont chacun vient se greffer sur un souvenir de même nature, en l'amplifiant chaque fois d'un apport nouveau, imitant ainsi la boule de neige qui, composée à son origine de quelques parcelles seulement, se grossit de toutes celles qu'elle rencontre dans sa course.

Que devient la Mémoire en cette occurence ?

La mémoire s'altère sous la poussée déformatrice de l'enthousiasme ; ainsi qu'il a été dit, elle se dupe elle-même, en greffant sur une évocation, dont la vérité fut altérée dès le début, une série de restitutions, apportant chacune un embellissement ou un agrandissement, propres à dénaturer le peu de vérité retenu par la perception première.

Cette perception fut-elle sincère ?

La perception, chez l'enthousiaste, est toujours dépourvue de sincérité, car l'habitude de tout magnifier lui fait exécuter dès l'apparition de la première impression, un travail spécial de déformation inconsciente.

Comment s'opère ce travail ?

La plupart des enthousiastes sont affligés d'une tare que l'on a quelquefois désignée sous le nom de « perception double ».

Qu'est-ce que la double perception ?

C'est une disposition qui incline celui qui la possède à concevoir la dualité des aspects.

Développez cette explication.

On sait que la perception se compose de deux phases presque simultanées.

La perception ou impression initiale.

L'enregistrement ou définition immédiate de l'objet perçu.

Or, l'opération mentale concernant la double perception, pourrait se décomposer ainsi :

Perception initiale véridique.

Enregistrement modifié par la pente du désir.

Et comme, pour des observateurs superficiels, ces deux phases semblent n'en former qu'une, l'enthousiaste enregistre, dès le début, la perception amplifiée.

C'est sous cette forme qu'il se la représente lors du premier rappel, lequel ne manquera pas d'apporter quelque diversion, toujours dans le sens souhaité. Les évocations suivantes viendront à leur tour parer l'impression première de quelque nouvel avantage, et il en sera ainsi, jusqu'au moment où le poing brutal de la réalité détruira tout l'échafaudage.

Les enthousiastes sont-ils de bonne foi ?

Presque toujours.

Comment cela peut-il se faire ?

Cela vient du défaut de culture qui ne permet pas d'aviser à la réforme des représentations mentales.

N'étant pas avertis du danger des rappels amplifiés, les enthousiastes les multiplient, se fiant toujours à la dernière évocation, sur laquelle ils édifient l'évocation présente.

N'y a-t-il pas un remède à cette tare ?

La culture raisonnée de la mémoire peut seule en avoir raison.

C'est en évitant de se reporter au dernier rappel et en faisant des efforts pour se remémorer de bonne foi la perception première, que les enthousiastes se rendront compte du chemin parcouru, à la suite des déformations successives, subies par l'impression, qu'ils compareront, en partant du début et en se représentant la plus récente évocation.

Que devraient-ils faire alors ?

S'efforcer de ressusciter l'émotion initiale, dépouillée de tout ce dont ils l'avaient parée, et, à chaque nouveau rappel, s'observer sévèrement, afin de donner à cette récente restitution la ressemblance la plus exacte avec la perception première.

Sera-ce tout ?

Ils devraient encore s'exercer à se défier de la sincérité de leurs perceptions, et, en maintenant autant qu'ils le pourraient, l'impartialité de leurs observations, ils s'appliqueraient à donner à l'enregistrement des impressions un caractère conforme à celui qui lui est propre.

Troisième Leçon

LA VANITÉ

Qu'avez-vous à dire sur la vanité, par rapport à la Mémoire?

La vanité est une ennemie indiscutable de la mémoire, car elle en altère la sincérité.

De quelle façon ?

Tous les vaniteux sont possédés du désir de faire parler d'eux et de paraître à leur avantage ; aussi, ne manquent-ils pas de s'attribuer un rôle dans les événements qui se succèdent autour d'eux.

Cela peut-il constituer le mensonge ?

Le mensonge est quelquefois complet, mais il arrive plus fréquemment aux vaniteux de travestir quelques parcelles de vérité, qui deviennent ainsi méconnaissables.

Ce mensonge concerne-t-il la Mémoire ?

La mémoire intervient lors du premier rappel, consistant pour le vaniteux à se remémorer le fait qu'il désire envelopper de circonstances apocryphes.

Dans le deuxième cas, la mémoire se montre encore, puisqu'il s'agit pour elle de retracer, non une perception réelle, mais une perception fictive, dont le vaniteux falsifie toutes les phases.

De toutes façons, la mémoire contrainte, répond, en se conformant à des insinuations dont le point de départ erroné devient générateur d'une déviation certaine.

Qu'entendez-vous par là ?

La mémoire ainsi sollicitée d'une façon coutumière, deviendra rebelle aux évocations dépourvues d'artifices.

Habituée à répondre aux invitations du mensonge et de l'amplification, elle oubliera les restitutions fidèles et tendra à présenter les événements déjà écoulés sous une forme controuvée, éclairée par le jour spécial sous lequel le vaniteux aime à présenter ses vantardises.

Le vaniteux est-il toujours conscient du mensonge de ses rappels ?

Si ces mensonges sont fréquents, il en vient parfois à les

reproduire sans se rendre un compte exact de leur importance.

Il arrive même, qu'avec le recul du temps, il lui soit impossible de distinguer la réalité autrefois perçue de la fable imaginée et il peut se faire que, de très bonne foi, il traduise un rappel de mémoire, dont il n'est plus capable de discerner la falsification.

Cet état d'esprit se rencontre-t-il souvent ?

Il est fréquent chez le vaniteux et constitue un danger certain pour le développement de la mémoire.

Sous quel rapport ?

Il compromet d'une façon presque irréparable la sécurité des souvenirs et devient, à ce titre, un élément hostile au premier chef.

Quatrième Leçon
LA TENDANCE A LA DISPROPORTION

Parlez maintenant de la disproportion.

La disproportion est une disposition qui incite à resserrer l'ordre des plans, à situer faussement les objets et à confondre les proportions.

Qu'entendez-vous par ces mots : l'ordre des plans ?

On pourrait comparer celui dont les souvenirs portent le stigmate de la disproportion à un peintre qui, voulant reproduire un paysage, ne tiendrait compte d'aucune des règles de la perspective.

Qu'adviendrait-t-il ?

Après avoir longuement contemplé la nature, il la reproduirait sur sa toile en oubliant les règles qui régissent la proportion ; il peindrait les objets du premier plan dans des dimensions minuscules et accorderait à ceux des plans suivants une importance considérable, négligeant ainsi de consulter sa mémoire, qui n'aurait pas manqué de lui rappeler que les objets éloignés semblent plus petits, par rapport à ceux qui sont plus proches.

Poursuivez votre comparaison.

Celui qui n'a pas su discipliner sa mémoire est souvent enclin à des rappels aussi disproportionnés.

Comment cela se traduit-il ?

Dans ces reconstitutions inégales, les choses restent rarement sur le plan qui leur appartient.

Comme dans le tableau dont il a été parlé plus haut, les détails négligeables prennent une ampleur qui masque à peu près complètement ceux dont l'importance est réelle.

Quel est l'inconvénient principal de cette déformation ?

C'est de produire, dans les actes habituels, les mêmes accrocs à la norme.

Celui qui se trouve victime de ces rappels fantaisistes

négligera de s'arrêter à des réflexions touchant des inté-
rêts considérables, pour s'attarder à des puérilités qu'il
conviendrait de mépriser en particulier.

Que voulez-vous dire par ces mots : en particulier ?

Il est certains détails qui, pris séparément, n'ont aucune
portée, mais la sincérité du rappel qui les concerne peut
cependant être prisée, par rapport au groupe de contingences auxquelles ils appartiennent.

Qu'appelez-vous : groupe de contingences ?

C'est la réunion de mille petits faits, dont aucun n'a
d'importance par soi-même, mais dont l'assemblage crée
l'ambiance, permettant de restituer au fait principal l'atmosphère qui fut la sienne.

Dans quel but recherche-t-on cette restitution ?

Dans le but de se rapprocher le plus possible de la vérité
et de l'installer définitivement dans la mémoire, afin que
'es futures évocations la reproduisent sans difficultés.

Cinquième Leçon

L'ÉTOURDERIE

Qu'avez-vous à dire sur l'étourderie ?

L'étourderie est un état habituel d'inattention, qui, en
amenant le gaspillage des idées, rend les efforts de mémoire

d'autant plus incertains, que la base sur laquelle ils s'établissent est plus fragile.

Développez cette explication.

On ne peut aisément obtenir la fidèle représentation d'un fait, dont les causes et les péripéties n'ont fixé que superficiellement l'attention.

Pour quelles raisons ?

Parce que, pour obtenir un rappel très net, il est indispensable que la perception ait été dépourvue de confusion.

Poursuivez votre explication.

On définit mal un objet que l'on a négligé d'examiner soigneusement.

Pourquoi ?

Parce que l'impression laissée dans la mémoire est trop floue, trop trouble pour être vivace.

Elle ne peut donc être qu'éphémère, même dans les instants qui suivent immédiatement la perception.

Qu'arrive-t-il plus tard ?

Le temps qui, si volontiers, estompe les souvenirs, a vite raison de ceux de l'étourdi, car ils sont si mal dessinés et la couleur en est si peu brillante que, dans un temps très mesuré, les contours mal accusés s'entremêlent et s'effacent, tandis que les couleurs pâlissent, au point de se fondre en une grisaille, de la quelle ne surgit aucun relief.

7

Voulez-vous dire que l'étourdi n'a plus de souvenirs ?

Lorsque les souvenirs n'apparaissent qu'à cet état imprécis dont nous venons de parler, le cerveau de l'étourdi ne reproduit que des images confuses, pressées en une cohue affairée et grouillante, au milieu de laquelle les visions représentatives s'enchevêtrent, se chevauchent et se confondent, sans aucun profit pour la vérité de la reconstitution.

Qu'avez-vous encore à dire sur l'étourderie ?

Elle est un des éléments les plus pernicieux, parmi tous ceux qui s'érigent en ennemis de la mémoire, car l'étourderie est un facteur puissant de dislocation; par suite d'une étourderie coutumière les éléments d'analyse deviennent tronqués et il ne s'agit plus seulement de se défendre contre la déformation de l'impression, mais contre l'atonie de l'esprit, qui, en diminuant les facultés de perception atténue aussi celles de la rétention, portant ainsi un dommage réel à toutes les facultés mnémoniques.

Est-il possible d'anéantir ces éléments hostiles ?

C'est ce que nous enseigne la culture de la mémoire.

Par quels moyens ?

Par l'étude et l'assimilation des forces favorables, qu'il est essentiel de mettre en opposition avec les éléments hostiles.

I. — LES FORCES FAVORABLES

 ♂ ♂ ♂

Première Leçon

LES ÉLÉMENTS PROPICES
AU DEVELOPPEMENT DE LA MÉMOIRE

Définissez ce que sont les forces favorables dont vous parlez.

Ce sont les éléments propices, qu'il est bon de mettre en
opposition avec les éléments hostiles, afin de les neutraliser,
d'abord, de les anéantir ensuite.

Comment cela peut-il se produire ?

Par l'étude de qualités assez puissantes pour être dé-
nommées « forces ».

Cette étude suffit-elle pour acquérir la Mémoire ?

Elle est essentielle pour préparer l'assimilation.

Qu'est-ce que l'assimilation ?

Prise dans ce sens, l'acte de l'assimilation est une sorte
d'incorporation morale, qui permet de s'approprier les
qualités que l'on désire posséder.

Quelles sont ces qualités en ce qui concerne la Mémoire ?

Leur nombre est fort grand et leur action multiple.

Nommez seulement les principales :

L'application.
La volonté de franchise vis-à-vis de soi-même.
L'activité morale.
La concentration évocatrice.

Deuxième leçon
L'APPLICATION

Qu'est-ce que l'application ?

L'application est une volonté soutenue d'attention, qui, pour être efficace, doit s'exercer sans relâche.

Qu'entendez-vous par ces mots : sans relâche ?

L'application pour celui qui tend à l'intégrité des rappels, doit être, non un état passager, mais un état habituel.

Précisez votre pensée.

L'application, si elle devient coutumière, se produira sans qu'il soit besoin d'un effort pour la faire naître.
Celui qui a su se contraindre à l'application, parvient très vite à la possession des qualités qui en découlent.

Quelles sont-elles ?

Une grande sûreté de perception.

Une faculté très vive d'observation.

Une propension très étendue à la rétention des images.

Quelle est l'influence de ces qualités sur la Mémoire ?

La sûreté de perception garantit la fidélité des évocations.

La faculté d'observation permet de n'omettre aucun des détails qui, ainsi qu'il a été dit déjà, facilitent les rappels, en les situant sur leur plan véritable et en leur restituant leur physionomie première.

La propension à la rétention des images est une auxiliaire précieuse en ce qui touche le retour des visions représentatives, qui, dès la première sollicitation, apparaissent telles qu'on peut les souhaiter, c'est-à-dire entourées des circonstances qui les ont accompagnées lors de leur production.

Troisième Leçon

LA [FRANCHISE VIS-A-VIS DE SOI-MÊME

Qu'est-ce que la franchise vis-à-vis de soi-même ?

C'est une résolution de sincérité qui fait rejeter l'appât du mirage.

Par quels moyens ?

En éliminant les éléments dont se composent les facultés créatrices.

Qu'appelez-vous : facultés créatrices ?

Ce sont les dispositions qui, suivant la pente du caractère, portent à voir les choses sous une couleur plus flatteuse.

Développez cette explication.

Les facultés créatrices ont une tendance à augmenter les avantages, à éluder les inconvénients, à moins qu'elles n'incitent à l'opération mentale contraire.

Expliquez-vous plus clairement.

Il est des personnes douées d'un caractère enjoué, qui se refusent avec obstination à admettre les impressions chagrines.

Celles-là n'usent jamais de franchise vis-à-vis d'elles-mêmes, car la constatation d'un mal probable ou même seulement possible, aurait le don de ternir leur sérénité.

D'autres agissent ainsi par pure légèreté et s'imaginent être quittes de tous soucis, en évitant de reconnaître les complications, de nature à altérer leur insouciance souriante.

Nombreux sont encore ceux qui, dominés par une paresse invincible, s'effarent en songeant aux efforts que nécessiteraient les événements s'ils s'avisaient d'en reconnaître la gravité.

Quel est en ceci le rôle des facultés créatrices ?

C'est de créer en imagination un état de choses, différent de celui qui existe.

De quelle façon ?

En amplifiant l'aspect favorable des perceptions et en atténuant leur côté menaçant.

Bientôt, sous l'influence de ces impressions falsifiées, se développe chez ces gens, un optimisme dépourvu de courage et de franchise.

Qu'arrive-t-il alors ?

Les perceptions ayant, dès le début été admises sous des couleurs apocryphes, les rappels ne peuvent, en aucun cas, revêtir l'aspect de la sincérité et leur manque d'exactitude vient encore renforcer l'artifice de l'impression première.

'y a·t-il que cette façon de manquer de franchise vis-à-vis de N soi-même ?

A côté de ceux qui se refusent obstinément à voir le côté sombre des choses, on voit des gens qui se plaisent à les envelopper d'un voile de mélancolie et de deuil. Dans l'esprit de ces derniers se passe un phénomène d'enregistrement, contraire à celui dont il est parlé plus haut.

Comment se traduit-il ?

Cette disposition ne permet pas de ressentir la perception telle qu'elle se présente, mais seulement telle qu'elle est appréhendée.

Cette opération mentale du reste, a lieu chez tous les gens qui n'ont pas la volonté de franchise vis-à-vis d'eux-mêmes et elle se produit aussi bien dans les cas d'optimisme aigu que dans les observations nettement pessimistes.

Parlez de ces dernières.

Les pessimistes ne perçoivent pas les sensations sous l'aspect qui leur est propre, mais seulement sous celui qu'ils redoutent de leur voir adopter.

A quoi tient cette disposition ?

A plusieurs causes, dont aucune n'est louable :

D'abord, à un manque d'observation, ne permettant pas de convenir des tendances chagrines de l'esprit, qui incitent à percevoir les choses suivant la pente des dispositions momentanées ou constantes.

Puis, à une propension à la pusillanimité, laissant surtout place à la crainte d'encourir un dommage.

Enfin, à l'aveu tacite de sa propre impuissance dont la connaissance entretient un découragement habituel, qui fait d'avance prévoir et accepter la défaite.

En quoi consiste la franchise vis-à-vis de soi-même ?

Elle consiste en un désir ferme de vérité, se résolvant par une application soutenue et une résolution de franchise qui invitent à écarter, aussi bien les voiles roses que les crêpes funèbres, dont ceux qui manquent de sincérité entourent si volontiers leurs perceptions.

Quel sera le résultat de cette application ?

Celui de montrer les choses sous leur jour véritable, avec

leurs proportions réelles et d'assurer ainsi l'authenticité parfaite du souvenir.

Quatrième Leçon

L'ACTIVITÉ MENTALE

Qu'est-ce que l'activité mentale ?

C'est un état d'esprit qui n'admet ni la nonchalance ni l'inaction injustifiée.

Qu'appelez-vous : inaction injustifiée ?

C'est un manque d'activité qui ne prend sa source que dans la paresse.

L'inaction peut-elle être quelquefois justifiée ?

Oui, quand elle n'est que momentanée, c'est-à-dire lorsqu'elle est due à un repos raisonné.

Qu'appelez-vous repos raisonné ?

C'est l'apaisement qui suit les périodes d'action. C'est aussi l'inaction volontaire, imposée par un désir motivé de calme.

Expliquez-vous plus clairement.

Si le corps a besoin de repos et de sommeil pour réparer ses forces et en acquérir de nouvelles, l'esprit doit aussi connaître des périodes d'apaisement voulu, destinées à fomenter l'énergie nécessaire pour entreprendre une nouvelle tâche.

Quelle est l'influence de l'activité mentale sur la Mémoire?

L'activité mentale vivifie les rappels.
Elle aide puissamment aux reconstitutions.
Elle vitalise les souvenirs.
Enfin, par sa puissance de renouvellement, elle défend la mémoire contre l'enlisement de l'oubli.

L'activité mentale n'a-t-elle que cette forme ?

En ce qui concerne la mémoire, il serait dangereux qu'elle en adoptât une autre, car l'exagération de l'activité cérébrale aménerait facilement des déformations et compromettrait ainsi la sincérité des rappels.

Cinquième Leçon

LA CONCENTRATION

Qu'est-ce que la concentration ?

En ce qui concerne la mémoire, la concentration est une tension d'esprit vers tout ce qui fait l'objet de l'émotion ancienne.

Développez votre pensée.

La concentration qui a pour but la revivescence des impressions, et celle des circonstances qui les ont provoquées, accompagnées et suivies, consiste surtout en une **volonté ferme** d'écarter toute pensée qui ne serait pas l'objet exact de l'évocation.

Vous avez parlé des circonstances ?

Les circonstances que l'on cherchera à se remémorer, devront strictement se rattacher à la vision représentative concernant les rappels, qui seront essentiellement convergents.

Qu'entendez-vous par là ?

De quelque point de la mémoire qu'ils soient partis, ils devront infailliblement aboutir à la revivescence de la perception première.

Dans quel but ?

Pour la renforcer, d'abord.

Puis, pour la grossir des perceptions suivantes.

Dans le cas où les rappels s'écarteraient de ce point central, on devrait les repousser, pour n'admettre que ies souvenirs s'y ralliant exactement.

Quel est le résultat de la concentration ?

La concentration, lorsqu'elle est dépourvue des éléments hostiles dont il est parlé au commencement de cette troisième partie, s'assimile facilement les qualités qui ont été énumérées.

Pour cette raison, elle devient une force considérable, car elle rassemble tous les agents favorables à l'acquisition de la mémoire.

C'est un moyen certain de parvenir à l'intégralité des rappels, qui apparaîtront dans toute leur vitalité, portant en eux l'enseignement qui vient de l'expérience, issue de la mémoire, dont elle tire les leçons, permettant à celui qui sait les comprendre d'organiser l'avenir en revivant le passé.

QUATRIÈME PARTIE

1. — LES MOYENS MNÉMOTECHNIQUES

☙ ☙ ☙

Première Leçon

LES EXERCICES MENTAUX

Qu'appelez-vous : moyens mnémotechniques ?

Ce sont les procédés destinés à rappeler les faits et les dates dont on désire fixer la mémoire.

Parlez de l'emploi de ces moyens.

Ils se divisent en deux groupes :

1° Les exercices mentaux.

2° Les exercices mnémotechniques proprements dits, c'est-à-dire ceux qui ne reposent que sur l'emploi d'un procédé, dont le mécanisme n'exige aucun effort de pensée.

Parlez des exercices mentaux.

Le début de ces exercices est l'étude de la mémoire, telle qu'elle est indiquée dans la première partie de ce livre.

Que doit-on faire ensuite ?

S'efforcer de mettre cet enseignement en pratique.

De quelle façon ?

En donnant à la culture de la mémoire, une intensité toujours plus considérable, en raison de l'axiome bien connu : « La fonction crée et développe l'organe ».

On s'exercera donc au rappel fréquent des souvenirs, quels qu'ils soient, afin de donner à la mémoire la vitalité et l'étendue désirables et lui conserver le don de fidélité.

Qu'entendez-vous par là ?

L'importance des exercices mentaux ne gît pas dans la nature du souvenir, mais dans sa docilité et son authenticité. C'est là que doivent tendre tous les efforts.

On s'appliquera donc d'abord à provoquer des rappels insignifiants quant à leur valeur morale, en n'exigeant que la reproduction identique de la perception initiale.

Comment s'assurera-t-on de l'identité de cette perception ?

Au moyen du contrôle d'abord.

Quel est ce moyen ?

Les exercices mentaux, concernant la représentation identique de la première perception doivent être tous l'objet d'un contrôle sévère et indiscutable.

C'est, du reste, par ce nom que l'on désigne l'un des premiers exercices mentaux.

Parlez-en.

L'exercice dénommé *contrôle*, comprend trois phases :
L'observation.
L'inscription des remarques.
Le contrôle des observations inscrites avec la réalité.

Décrivez cet exercice en détail.

1º On entrera dans une salle dont la vue n'est pas familière et on en examinera les particularités concernant d'abord les grandes lignes : situation des ouvertures, nature du parquet, des tentures, leur couleur et la composition du mobilier.

2º On passera dans une autre pièce où l'on inscrira chacun de ces détails, en s'appliquant à se les remémorer le plus fidèlement possible.

3º Le lendemain, on pénétrera de nouveau dans la chambre, et, la liste en main, on contrôlera l'exactitude ou la défaillance des souvenirs.

Que fera-t-on si la Mémoire a été rebelle ?

On recommencera l'exercice, en s'aidant d'abord des acquisitions anciennes. Dès que la reconstitution sera complète, on entreprendra le même travail, au sujet d'une autre pièce ou d'un autre endroit.

Que fera-t-on si la Mémoire a été fidèle ?

On compliquera l'exercice, en s'attachant à reproduire des détails plus nombreux.

Cet exercice doit-il seulement avoir pour but la reconstruction d'une salle ?

Il peut s'appliquer à celle de tous les objets. On débute généralement par la salle, à cause de la difficulté moindre, mais on procèdera de la même manière en observant un tableau, une construction, un paysage, etc., etc...

L'important est l'observance des trois phases :

Examen.

Rappel.

Contrôle.

Pouvez-vous citer un autre exercice mental ?

Il en est un très usité, connu sous le nom de : Rappel de la mission.

En quoi consiste-t-il ?

Il consiste dans le rappel à heure fixe d'une mission que l'on s'est imposée.

Pourquoi à heure fixe ?

Pour parvenir à discipliner la mémoire.

Qu'entendez-vous par mission ?

C'est une obligation insignifiante, que l'on s'impose sans motifs.

Pourquoi insignifiante et sans motifs ?

Parce que si elle était importante, elle ne mériterait aucun effort de mémoire et ne constituerait aucun exercice.

Donnez des exemples.

On se dira : « Ce soir à 20 heures 10 minutes, je remonterai ma montre ».

Ou encore :

« En m'asseyant à table, je transporterai ma fourchette de gauche à droite ».

Ou bien :

« En m'habillant, arrivé à telle phase de ma toilette, j'irai prendre mon portefeuille et je changerai mes cartes de visite de compartiment ».

Ne peut-il arriver que des circonstances, indépendantes de la volonté, viennent mettre obstacle à l'exécution de ces résolutions ?

Dans ce cas, il est utile de témoigner par un signe qu'on a pensé à accomplir la mission imposée.

Quel est le but de cet exercice ?

Tonifier les facultés mnémoniques et assurer leur soumission.

Citez d'autres exercices mentaux.

Tout le monde connaît ceux que l'on nomme : études progressives.

Décrivez-les.

Il s'agit d'apprendre par cœur un très petit nombre de

8

lignes, qui s'additionnent chaque jour de la quantité de celles qui ont été apprises la veille.

Cet exercice est très répandu et il peut se pratiquer en même temps que ceux qui sont indiqués plus haut.

N'y a-t-il pas d'autres procédés analogues ?

Il en est un qui présente un peu plus de difficultés, car dans cet exercice, les mots, au lieu de s'appeler réciproquement et de se laisser deviner, comme dans la plupart des phrases, n'ont d'autre sens que celui qui leur est propre et ne sont reliés entre eux par aucune idée commune.

Pouvez-vous donner des exemples ?

Cet exercice se présente sous trois formes.

Parlez de la première.

1º On écrira des mots qui n'ont aucun rapport entre eux, comme : Orgueil, Pain, Dix, Pendant, Croix, Car, Pour, Chant, etc., etc..

2º On les lira attentivement de façon à se les rappeler *dans l'ordre.*

3º On s'efforcera de les répéter sans en omettre et sans changer leur place.

Pour commencer on n'emploiera guère qu'une dizaine de mots.

Pour la deuxième forme, on procèdera ainsi qu'il vient d'être dit, mais on aura soin d'amener la répétition d'un de ces mots.

Quelle est la deuxième forme ?

On écrira, par exemple :

Orgueil, Pain, Dix, Pendant, Croire, Car, Dix, Pour, Avant, etc...

Il s'agira de redire ces mots dans l'ordre, en tenant compte de la répétition du même mot.

Dans cet exemple le mot dix a été répété deux fois.

On devra donc redire les mots sans omettre cette répétition et en la plaçant où elle fut inscrite.

Quelle est la troisième forme ?

C'est la plus difficile.

Il ne s'agit plus de solliciter la mémoire visuelle, mais bien la mémoire auditive.

Développez votre explication.

Au lieu d'écrire les mots, on les prononcera, ou on les fera prononcer devant soi.

Pourquoi la difficulté est-elle plus grande ?

Parce que, dans les exercices sollicitant les qualités auditives, l'attention doit être mieux disciplinée et plus étroitement surveillée.

Est-ce tout ce que vous avez à dire à propos des exercices mentaux ?

Les procédés mentaux de rappel, sont infiniment moins nombreux que les exercices mnémotechniques, car tous se

réduisent au développement des facultés mnémoniques,
par les moyens préconisés au cours de cet ouvrage; cependant on peut encore en citer quelques-uns,dont la pratique
est assez prisée.

Quels sont-ils ?

Il en est un, assez connu,consistant à associer l'idée d'un
symbole avec le chiffre qu'il représente — ou qu'il semble
représenter.

Pouvez-vous donner des exemples ?

Certaines personnes se sont fait ainsi tout un vocabu-
laire mnémotechnique.

Ils disent : Le bossu et la Muse pour évoquer le nombre
39. rappelant ainsi la forme du chiffre trois et le nombre
des Muses.

S'ils désirent se rappeler le nombre 93, ils diront : La
Muse et le bossu.

Le chiffre 1 présente une idée de création, le 2, par sa
forme, rappelle l'encolure d'un cheval.

Pour se rappeler le chiffre 12, ils diront :
Création et Bucéphale.

Pour exprimer le nombre 21, ils diront :
Bucéphale et création.

Il en sera ainsi pour tous les autres chiffres qui tous
adopteront, suivant l'enseignement mnémotechnique ou la
fantaisie de l'étudiant, une appellation spéciale, permettant d'assembler deux symboles, dont le rappel est plus
facile que celui des chiffres.

Est-il un autre exercice mental ne concernant pas les chiffres?

On emploie quelquefois un moyen consistant à former avec la lettre initiale de chaque mot, composant une phrase facile à retenir, celui qui résume la pensée ou le fait dont on veut garder le souvenir.

Mais on doit se défier des moyens compliqués, car il arrive parfois que, loin d'en retirer un secours, on n'y trouve qu'un travail de plus.

II. — LES EXERCICES MNÉMOTECHNIQUES

✻ ✻ ✻

Première Leçon
DÉFINITION DE LA MNÉMOTECHNIE

Qu'est-ce que la mnémotechnie ?

La mnémotechnie est l'art de rappeler à la mémoire des idées difficiles en les associant à d'autres, plus aisément reproduites.

Par quel procédé ?

En associant des idées rappelant des images, susceptibles de former l'enchaînement de pensées propices au rappel.

Quel est le but principal de cette science ?

C'est de localiser le souvenir en le rattachant à une date, que des moyens mécaniques de rappel font retrouver facilement.

Quel est, en ceci, le rôle de la Mémoire ?

C'est de rendre l'emploi de ces procédés plus facile, par le souvenir de connaissances déjà acquises.

La mnémotechnie est-elle une science nouvelle ?

Elle fut connue de tout temps.

Dans l'antiquité les orateurs, d'après Cicéron, associaient les parties de leurs discours aux objets qui les entouraient, procédant ainsi qu'il vient d'être dit, par des associations d'idées, enchaînant aux choses abstraites ou compliquées, l'image d'objets familiers, dont le rappel devait être singulièrement facile.

Parlez des principaux procédés mnémotechniques.

En première ligne on doit compter le graphique qui se **divise** ainsi :

Le graphique simplifié.

Le graphique complet.

Deuxième Leçon

LE GRAPHIQUE

Qu'est-ce que le graphique ?

Le graphique dont nous nous occupons ici, est une sorte de dessin, comportant une ligne partant d'un point, pour s'élever obliquement jusqu'à un autre point culminant, et s'abaisser ensuite jusqu'au plan du premier point.

Quelle sera donc la forme de ce graphique ?

Un triangle plus ou moins parfait.

Pourquoi ce triangle ne sera-t-il pas toujours parfait ?

Parce que, ainsi qu'il sera dit plus loin, il sera modifié selon la physionomie du fait ou de l'histoire, dont il doit retracer les faits principaux.

Qu'appelez-vous traits principaux ?

Les faits les plus remarquables, ceux que l'on choisit entre tous pour en fixer la date.

Vous venez d'énumérer deux sortes de graphiques ?

Ils procèdent tous deux de la même méthode.

Quelle différence existe-t-il entre eux ?

Le graphique simplifié est le premier degré de cette étude et ne charge la mémoire que de peu de rappels.

Le graphique complet est destiné à remémorer l'ensemble des événements ayant marqué dans l'histoire dont on s'applique à conserver le souvenir.

Troisième Leçon

LE GRAPHIQUE SIMPLIFIÉ

Décrivez le graphique simplifié.

Le graphique simplifié comporte, comme le graphique complet, une ligne, qui, partie d'un point s'élève obliquement jusqu'au point culminant pour s'abaisser jusqu'au même plan que son point de départ.

Quels sont ces trois points ?

Le début (ou la naissance, s'il s'agit d'un homme).
L'apogée.
Le terme (ou la mort).

En face de chacun de ces points, on inscrira la date du début ou de la naissance, celle de l'apogée et celle du terme ou de la mort.

Est-ce tout ?

En ce qui concerne le graphique simplifié, ces trois phases sont les seules qu'il s'agisse de retenir.

Parlez plus longuement du début.

C'est le point initial de toutes choses.

S'il s'agit d'un homme célèbre, la ligne débutera à la date de sa naissance.

S'il est question d'un événement, la ligne partira de la première manifestation, relative à cet événement.

Si l'on désire résumer l'histoire d'un peuple, la ligne partira de l'époque à laquelle ce peuple a fait son apparition dans l'histoire.

Comment s'inscrira cette date ?

On inscrira à gauche du point de départ de la ligne, la date et la mention du début : naissance, création, première apparition.

Qu'est-ce que le point culminant ?

C'est la période la plus importante de la vie de l'homme ou du peuple, dont on veut conserver le souvenir.

C'est encore la circonstance principale du fait que l'on tient à se remémorer.

Qu'appelez-vous apogée ?

C'est le degré d'intensité le plus marqué.

C'est le sommet précédant la période de déclivité.

Le point culminant indique-t-il toujours ce sommet ?

Pour un homme, il marquera l'apogée de sa gloire, ou l'acte qui, d'après les sentiments de la masse, a constitué sa renommée.

Quant au point culminant d'un fait, c'est celui qui indique le moment où il s'est produit dans son développement le plus complet.

Le point culminant, s'il s'agit simplement de fixer l'époque de la naissance et celle de la mort d'un homme célèbre, peut encore indiquer la date des années viriles.

On en usera de même si l'on veut marquer la période médiale de la vie d'un peuple disparu.

Cette division est souvent préconisée pour aider certaines mémoires rebelles, qui trouvent ainsi un contrôle dans l'opération du rappel.

Parlez du terme ?

Le terme est la conclusion, la fin ou la disparition, plus

ou moins entière, de l'être, du peuple ou de la chose dont
on veut fixer le souvenir.

Développez cette explication.

En ce qui touche l'histoire d'un homme, le terme est
l'époque de sa mort.

En ce qui concerne l'histoire d'un peuple, le terme est
sa disparition, son asservissement ou sa déchéance.

Comment ce graphique doit-il être conçu ?

1º Naissance ou début : Départ de la ligne.

2º Fait remarquable : Faîte de la ligne.

3º Mort ou disparition : Abaissement de la ligne jusqu'au même niveau que celui de la naissance.

A chacun de ces points, il sera fait mention de la date.

N'avez-vous pas d'autres observations à faire ?

Si le fait remarquable, déterminant le point culminant,
s'est produit à une époque avancée de la vie ou de l'histoire dont on veut fixer les phases principales, la ligne
s'allongera en s'élevant de façon à former un triangle,
dont le côté « début » sera plus étendu, de la base jusqu'au point culminant, que celui qui, parti du fait remarquable aboutit à la mort.

Comment mentionnera-t-on le fait contraire ?

Si le fait, mentionné par le point culminant, s'est pro-

duit dans la période précédant la première moitié de la vie
ou de la durée, la ligne du triangle partant du début pour
finir au point culminant sera plus courte que la ligne abou-
tissant au terme.

**Ne doit-on pas admettre, cependant, que des événements
d'importance moindre, mais dignes d'être relatés, se soient
produits au cours de l'histoire, dont on veut retracer le
souvenir ?**

Cela n'est pas douteux.

Comment les indiquerez-vous ?

En échelonnant la ligne du graphique, d'une série de
lignes latérales, portant la mention de ces événements, en
même temps que la date à laquelle ils se sont accomplis.
Mais ceci fait partie du graphique complet.

Avez-vous encore à parler du graphique simplifié ?

Oui, assez longuement, car la physionomie de ce graphique
doit se modifier selon celle de l'histoire dont on veut fixer
les trois principaux traits.

Que voulez-vous dire ?

Il se peut que cette histoire, après son apogée, soit entrée lentement dans une époque de décadence qui l'ait
conduite au terme.
Il arrive aussi que la vie d'un homme se termine en pleine
apothéose et qu'il meure dans tout le rayonnement de sa
renommée.

Comment indiquerez-vous ces différentes conclusions ?

Elles pourront être marquées par le graphique simplifié, en se contentant des trois phases qu'il indique.

De quelles façons ?

Si la déchéance se produit lentement, la ligne partant du point culminant conservera son inclinaison jusqu'au point marquant le terme.

Si, au contraire, la fin surprend l'homme en pleine gloire, à l'époque où la déchéance physique, provenant de la vieillesse, ne l'a pas encore atteint, la ligne se cassera brusquement et à partir de son point culminant, s'inclinera en ligne perpendiculaire jusqu'au point final, situé sur le même plan que la ligne de début.

Pourriez-vous donner des exemples ?

Je suppose que l'on cherche à fixer les trois dates, marquant la vie de Mahomet.

On procèdera ainsi :

Date et lieu de naissance.

Apogée de sa gloire.

Date de la mort.

La date de la naissance de Mahomet n'est-elle pas controversée?

Cela se présente très souvent, quand il s'agit d'événements trop lointains, par rapport au temps ou à la distance.

Le fait se produit encore lorsque ces faits ont une origine qui s'estompe dans la brume des légendes.

Que fait-on dans ce cas ?

On inscrit la date qui semble la plus authentique, en y ajoutant un point d'interrogation.

Continuez à décrire le graphique simplifié de Mahomet ?

On inscrira donc au pied de la ligne oblique :
La Mecque 578 ?
Puis, en lisant la relation des hauts faits du prophète, on trouvera que l'apogée de sa gloire fut sa victoire définitive sur les Koréischites, victoire qui fut confirmée par la prise de possession de la Mecque.
Au-dessus du point culminant de la ligne oblique on inscrira :
Entrée triomphale à la Mecque 638 (an 8 de l'hégire).
En poursuivant la lecture de l'histoire de Mahomet on verra que peu de temps (deux années environ) séparent cette victoire de sa mort.
Or, comme ces deux années ont été employées à consolider la puissance du prophète et celle de sa religion, qu'elles ont été marquées par une série de victoires et que pendant leur cours le sommet atteint ne fut jamais abandonné, on donnera la physionomie exacte de la vie de Mahomet en abaissant brusquement la ligne jusqu'au point qui marquera la mort.

En récapitulant, on trouvera donc :

Mahomet né à la Mecque 578 ?

Entrée solennelle à la Mecque, triomphe définitif de l'Islamisme sur l'idolâtrie, victoire décisive 638 (an 8 de l'hégire).

Mort 641 (an 11 de l'hégire).

Comment présentez-vous le graphique simplifié de l'histoire d'un peuple ?

Pour rendre l'exemple plus clair, nous prendrons l'histoire d'un peuple disparu, les Carthaginois.

On indiquera :

Date de la fondation.

Apogée de la puissance.

Destruction.

La récapitulation donnera :

Carthage, fondation par les Phéniciens IXe ?

Apogée de la puissance VIe

Destruction par les Romains IIe.

Pourquoi indique-t-on ces dates en chiffres romains ?

Pour distinguer celles des siècles qui marquent l'ère romaine de celles des siècles qui indiqueront l'ère chrétienne.

Deuxième Leçon
LE GRAPHIQUE COMPLET

Qu'entendez-vous par le graphique complet ?

C'est celui qui retrace toutes les périodes remarquables, touchant l'existence d'un homme ou d'un peuple.

Comment procéderez-vous pour établir ce graphique ?

On procédera comme pour le graphique simplifié, mais au lieu de ne rappeler que trois faits en mentionnant leurs dates respectives, on jalonnera les lignes, à partir du point de départ jusqu'au point terminus de la mention des faits que l'on veut retenir, avec la date particulière à chacun d'eux.

Pouvez-vous donner un exemple ?

Nous reprendrons celui de Mahomet. Nous trouverons :
Mahomet né à la Mecque 578 ?
Premières campagnes 592.
Retraite sur le mont Hara 605-620.
Production du Koran 621.
Guerre avec les Koréischites 623.
Conquête de Médine 631.
Trêve entre Mahomet et les Koréischites 638. 6e année de l'hégire.
Proclamation de la prière 640. 8e année de l'hégire.

9

Prise de la Mecque 640. 8e année de l'hégire.

Triomphe définitif de l'Islam 641. 10e année de l'hégire.

Mort de Mahomet 642. 11e année de l'hégire.

Donnez encore un exemple concernant l'histoire d'un peuple ?

On peut, à son gré, multiplier les rappels, dont ce tableau ne montre que les grandes lignes, jusqu'au moment où l'on aura obtenu le graphique complet.

Mais il sera bon de ne procéder que par degrés,car la gymnastique mnémonique doit être pratiquée graduellement, pour éviter une fatigue cérébrale, aussi certaine que celle dont on veut, par ce moyen, éviter l'apparition.

Pour plus de facilité, nous reprendrons le graphique de Carthage et l'on obtiendra :

Fondation de Carthage par les Phéniciens IXe ?

Agrandissement et conquêtes de la Corse, la Sardaigne, Malte, les Baléares, etc., etc... 574 A. J.-C.

Apogée de la puissance 550 A. J.-C.

Guerres avec les Grecs 310 A. J.-C.

Guerres puniques 264-201 A. J.-C.

Destruction par les Romains 146 A. J.-C.

Reconstruction par Caïus Gracchus et domination romaine 122 A. J.-C. — 1er siècle ère chrétienne.

Conquête par les Arabes. Déchéance définitive de Carthage, qui tombe au rang de simple bourgade.698 de notre ère.

Comme pour le graphique concernant le premier exemple, il est loisible de rendre ce tableau plus complet, en y inscrivant tous les faits célèbres de l'histoiro si touffue et si mouvementée de Carthage.

N'y a-t-il pas d'autres moyens mnémotechniques ?

On connaît aussi celui des divisions et des subdivisions.

Troisième Leçon
LES DIVISIONS ET LES SUBDIVISIONS

Qu'entendez-vous par ce mot : divisions ?

Ce système consiste dans l'opération suivante :
Diviser l'histoire complète dont on veut garder la mémoire, de façon à situer les faits principaux, comportant les dates approximatives qui s'y rapportent.

Pourquoi ces dates seront-elles approximatives ?

Pour faciliter les rappels.

Expliquez-vous plus clairement.

On divisera la vie d'un homme ou celle d'un peuple en parties égales (dix années pour une vie humaine, un ou plusieurs siècles pour l'histoire d'un peuple) et l'on inscrira dans ce casier idéal, les faits dont on désire garder la mémoire.

Quel est l'avantage de cette division ?

C'est de localiser ces faits et de circonscrire les recherches.
On saura qu'ils se sont produits au cours de la 2e, 3e ou 4e division et l'étude se trouvera ainsi simplifiée, puisqu'elle se bornera à l'examen d'une seule période.

Comment procédera-t-on ?

Je suppose qu'il s'agisse de retracer la vie d'un homme célèbre, mort à soixante-cinq ans. On obtiendra :

6 divisions de 10 années.

1 division de 5 ans.

On tracera donc un tableau composé de 7 cases.

Au-dessus de chacune de ces cases on inscrira la date de début de la période et celle de la fin.

Puis on relatera brièvement les événements, ou plutôt le groupe d'événements caractérisant chaque dizaine.

Il en sera ainsi de la naissance à la mort.

Pourriez-vous donner des exemples ?

En prenant par exemple la vie du grand poète Racine, on trouverait :

1639-1649. Naissance, études au collège de Beauvais.

1649-1659. Études au collège d'Harcourt.

1659-1669. Premiers succès avec l'*Ode à la Nymphe de la Seine*, qui vaut à son auteur 600 livres de pension.

Départ pour Uzès. Essais de vie ecclésiastique. Retour. Production de *La Thébaïde*, *Alexandre*, *Andromaque*, *Les Plaideurs*, *Britannicus*.

1669-1679. *Bérénice, Bajazet, Iphigénie, Phèdre.* Entrée à l'Académie. Mariage avec Catherine Romanet. Illustre parrainage. Brouille avec Corneille.

1679-1689. Demi-disgrâce. — Retraite momentanée. Racine historien.

1689-1698. *Esther, Athalie.* Disgrâce définitive, Mort.

Nous trouvons donc ici six périodes de 10 années, et une période de 9 seulement.

Toutes ces périodes sont-elles également remplies ?

Dans la vie d'un homme, les deux premières périodes sont rarement dignes d'un grand intérêt, ou plutôt celui qu'elles dégagent ne peut être considéré qu'au point de vue de la documentation générale.

Quelle est l'importance de cette remarque ?

Elle démontre l'avantage du travail par divisions.

De quelle façon ?

En circonscrivant l'attention, non seulement dans les limites contenant les dix années, au cours desquelles les faits que l'on désire se remémorer se sont produits, mais encore, en bornant le plus souvent ce travail d'application aux années vraiment remplies, les seules qui soient dignes de passer à la postérité.

L'exemple que vous venez de donner rentre-t-il dans cette dernière catégorie ?

Oui, pour la première dizaine et une partie de la seconde ;

non, pour les dizaines suivantes, toutes admirablement remplies et dont la dernière fut marquée par une production littéraire immortelle ainsi que par de douloureux épisodes, appartenant à l'histoire.

Si l'on devait se rappeler la date de la production d'*Iphigénie*, comment s'y prendrait-on, suivant ce système ?

On saurait qu'*Iphigénie* a été représentée dans la dizaine comprenant de 1669 à 1679; au lieu de feuilleter la vie de Racine pour retrouver cette date, on se bornerait à un travail comprenant ces dix années seulement.

Là commencerait l'étude connue sous le nom de subdivisions.

Qu'entendez-vous par ces mots : subdivisions ?

C'est l'étude de chacune des périodes comprenant dix années.

On procédera comme on l'a fait pour la division, en limitant les rappels aux faits compris dans une seule période, d'abord, puis lorsque ces faits seront classés dans la mémoire, on passera aux événements de la période suivante.

Pouvez-vous donner un exemple ?

Si nous poursuivons celui de la vie de Racine, nous trouverons que la partie la plus touffue de la vie du grand homme, considérée au point de vue de la production poétique, est celle qui est comprise entre 1659 et 1669.

On y trouvera donc :

1659, premier succès. *Ode* dédiée à la Reine, faveur royale, essai de vie ecclésiastique, reprise du travail — séries de tragédies depuis *La Thébaïde* jusqu'à *Britannicus*, représenté en 1669.

Quel est l'avantage de ce procédé ?

1º Circonscrire les efforts de mémoire.

2º Éviter de la charger de dates inutiles.

3º Permettre d'établir une distinction rapide entre les dates concernant la vie de l'homme et celles qui se rapportent à son œuvre.

Parlez de la manière d'établir cette distinction.

C'est un système qui prend le nom de « divisions par état ».

Quatrième Leçon
LES DIVISIONS PAR ÉTAT

Définissez ce genre de divisions.

La vie de tous les hommes célèbres, comme l'histoire de tous les peuples, peut être, au point de vue de la mémoire, considérée sous plusieurs aspects.

Lesquels ?

Il est rare qu'un homme célèbre n'ait pas eu une existence sociale intéressante.

L'étude de ces différents aspects de sa vie doit donc être fructueuse.

N'y a-t-il que ces deux aspects ?

La vie privée d'un grand homme comporte aussi parfois des faits enregistrés par l'histoire, faits que, pour la fidélité des restitutions, il est indispensable de faire revivre.

Développez votre pensée.

1° Les circonstances les plus minimes de la vie d'un grand homme appartiennent à l'histoire.

2° Les souvenirs authentiques de ces événements ou de cette manière d'être, constituent autant de documents qu'il est nécessaire de ne pas négliger.

Dites-en la raison.

Créer autour de la grande figure qu'on veut ressusciter, l'ambiance qui fut la sienne et aider ainsi à l'évocation intégrale de la reconstitution.

Comment procéderez-vous, s'il s'agit de l'histoire d'un peuple ?

On procèdera de la même manière en établissant une démarcation entre la vie politique, la vie guerrière et la vie sociale de ce peuple.

Comment l'entendez-vous ?

Certains peuples n'ont brillé que par leurs prouesses

guerrières, tandis que le déroulement de leur histoire sociale est des plus ternes.

D'autres, qui se virent rarement obligés de combattre, ont été constamment déchirés par les lutes intestines.

Il en est qui ne prirent les armes que pour la défense d'une conviction, d'un idéal reliigeux ou d'une foi politique.

Enfin, certaines nations, toujours opprimées, jalonnent les siècles de leur long martyrologe.

Quelle conclusion dégagez-vous de ceci ?

Il est hautement intéressant de pouvoir se remémorer historiquement et chronologiquement ces différents états.

Par quels moyens ?

Au moyen des divisions par état.

Pourriez-vous donner des exemples ?

En reprenant celui que nous avons donné déjà, nous trouverons que Mahomet peut être considéré sous un quadruple aspect :

Le prophète.

Le guerrier.

Le législateur.

L'homme, avec ses passions, ses faibleses et ses préoccupations sociales.

Comment procéderez-vous pour retracer cette vie en divisions par état?

Il s'agira d'abord d'opérer un travail de classement,

puis de s'attacher à ne retenir que les faits et les dates se rapportant aux phases de l'état que l'on veut reconstituer.

Quel sera le résultat de cette quadruple division ?

Cette opération fixera d'une façon certaine les souvenirs concernant les hauts faits du guerrier, la mission du prophète, l'œuvre du législateur, ainsi que la vie sociale et sentimentale de l'homme.

Comment procéderez-vous si plusieurs événements dissemblables quant à l'état, mais d'une égale importance, se produisent à la même époque ? Devrez-vous apprendre plusieurs fois la même date ?

On aura recours, dans ce cas, au système de divisions simultanées.

Cinquième Leçon
LES DIVISIONS SIMULTANÉES

Qu'appelez-vous : divisions simultanées ?

C'est un moyen mnémotechnique, permettant de situer l'ensemble des faits, qui se sont produits à une date semblable, ou au cours d'une même période.

Définissez ce moyen.

Il a déjà été dit que la mnémotechnie consiste, la plupart du temps, en une sorte de vision intérieure, ressuscitant, en même temps que l'image évoquée, celle d'un tableau, qui la représente synthétisée sous l'aspect spécial qu'une convention lui donne.

Quel est cet aspect dans les divisions simultanées ?

Celui d'un point, dont la couleur, variant suivant les époques, sera unique pour chacune d'elles.

Pouvez-vous développer cette explication ?

Il est d'abord nécessaire d'établir le but des divisions simultanées.

Quel est-il ?

Il y en a deux :
Le but particulier.
Le but général.
On doit ajouter que chacun d'eux a pour résultat de restituer une vision d'ensemble.

Parlez du but particulier.

Le but particulier est de restituer le souvenir des événements ayant un caractère de simultanéité dans la vie d'un homme ou dans celle d'un peuple.

Qu'est-ce que le but général ?

Le but général tend à permettre une vue d'ensemble sur toutes les phases d'une même époque de l'histoire, dans sa conception la plus étendue.

Précisez votre pensée.

L'analyse simultanée peut porter sur tous les faits mondiaux, aussi bien ceux qu' intéressent la science, que les faits de guerre ou les fastes de l'histoire, en permettant d'attribuer à chacun, par rapport aux autres, le caractère contemporain qui leur fut propre.

Comment l'entendez-vous ?

On procèdera, non plus par divisions régulières, mais par divisions imposées par l'ordre et la chronologie des faits, dont on désire constater la simultanéité.

Expliquez-vous.

Aussi bien dans l'histoire d'un homme que dans celle d'un peuple, on ne retiendra que les événements dont la même année ou la même époque furent témoins.

Développez cette explication.

S'il s'agit de l'histoire d'un homme, on retiendra seulement les dates coïncidant avec les événements marquants accomplis dans la même année ou dans la même période.

Si c'est de l'histoire d'un peuple dont il est question, les périodes peuvent embrasser une suite de siècles. La seule observation importante, c'est de désigner les mêmes époques par les points de même couleur.

Donnez des exemples.

On divisera l'histoire européenne du début jusqu'au

Moyen-âge par un point blanc, situé au pied de la ligne du graphique.

Du Moyen-âge à la Renaissance on marquera un point jaune.

Le point vert indiquera le commencement du XVIIe siècle.

Le XVIIe et le XVIIIe seront figurés par un point rouge.

Le XIXe par un point violet.

En établissant ce tableau pour tous les grands événements dont on désire conserver la mémoire, on pourra situer les rappels dans un temps limité. Lorsqu'on possèdera ces souvenirs dans les grandes lignes que nous venons d'esquisser, il sera loisible d'augmenter les signes de rappel.

Par exemple, on jalonnera le graphique de traits, de croix, de triangles, destinés à reproduire des périodes infiniment plus restreintes.

Mais il est indispensable que ces signes correspondent à des faits simultanés et que, sur le graphique, ils adoptent le même échelonnage.

Il deviendra ainsi très aisé de fixer dans sa mémoire la date commune à plusieurs événements.

Pourriez-vous donner des exemples ?

En reprenant un de ceux qui nous ont déjà servi, on trouverait que Molière est mort l'année où Racine est entré à l'Académie, que *La Thébaïde* fut représentée la même année que *Tartufe*, etc., etc...

Cet exercice est aussi précieux dans l'étude des parallèles qu'il l'est en ce qui concerne la vue d'ensemble et celui qui s'y adonnerait avec application, aurait une vision très nette des faits qui marquèrent telle époque, tel règne ou telle vie, dont il lui plairait de faire revivre les phases.

Pouvez-vous citer encore quelques exercices mnémotechniques ?

Il en est dont il est préférable de ne pas parler, car les difficultés qu'ils présentent en rendent l'étude aussi ardae que celle de l'enseignement simple. Cependant, on peut en citer un qui, bien qu'il semble un peu compliqué, donne d'excellents résultats.

Sixième Leçon
LE LANGAGE CHIFFRÉ

Quel est ce moyen ?

C'est une sorte de langage chiffré, très usité dans l'enseignement des dates.

En quoi consiste-t-il ?

Il s'agit de transformer les chiffres en signes conventionnels représentant la première lettre du mot, dont la réunion formera une phrase, destinée à remémorer mécaniquement la date cherchée.

Expliquez-vous plus clairement.

On doit d'abord établir, d'une façon immuable, les rapports de la lettre initiale avec un chiffre.

Comment s'y prendra-t-on ?

On choisira une ou plusieurs lettres, représentant un chiffre qui ne variera pas.

À ces lettres on attribuera une certaine quantité de mots commençant par la lettre même.

Ces mots, qui pourront varier selon qu'il sera besoin, devront toujours représenter un sens, concernant l'objet ou le fait dont on veut conserver le souvenir chronologique.

Ils ne pourront débuter que par une lettre semblable à celle qui, dans le tableau, appelle le chiffre correspondant.

Que fera-t-on ensuite ?

Avec ces mots, on cherchera à construire une phrase, dont le sens rappellera la chose dont il est question, en même temps qu'elle donnera la date désirée.

Donnez des exemples.

On tracera un tableau sur lequel on inscrira, dans l'ordre, un chiffre au commencement de chaque ligne, en partant de 1 pour arriver à zéro. C'est-à-dire que ce tableau comportera dix lignes. A la suite du chiffre, on inscrira la lettre ou les lettres auxquelles ce chiffre correspond.

On apprendra ce tableau par cœur.

Dès qu'on le possédera bien, les premières lettres de mots prononcés,(s'ils se composent comme il a été dit plus haut), donneront des chiffres qui, en s'alignant, formeront la date recherchée.

Pourriez-vous décrire ce tableau ?

Voici un modèle assez répandu :

1	s-c-a
2	che-je
3	k.-gue
4	f-v.
5	b-p.
6	t-d.
7	n.
8	m.
9	eu-r.
Zéro	l-ille-y.

Expliquez le procédé d'après ce tableau.

On ne saurait trop redire qu'il est bon de construire une phrase se rapportant au fait dont on veut fixer la date.

Donnez d'abord un exemple facile.

Pour prendre un exemple facile on peut choisir une date de trois chiffres.

Nous prendrons donc l'exemple dans l'antiquité.

Nous supposerons qu'il s'agisse de se remémorer la date de la prospérité de Carthage.

On construirait alors la phrase suivante :

Peuple prospère libre.

Ces trois mots donneraient la date de l'apogée de Carthage, c'est-à-dire 550.

Peuple correspondant à p. qui donne le chiffre 5.

Prospère correspond également à p. et donne encore 5.

L. correspond à zéro et ces trois chiffres réunis nous donnent la date de 550.

Ne peut-il se faire qu'aucun mot de ceux qu'il est utile de rassembler ne corresponde au chiffre qu'il est nécessaire de mentionner ?

Cela arrive assez fréquemment, mais il est toujours facile de tourner la difficulté en employant des synonymes.

Pourriez-vous donner des exemples ?

Pour ne pas créer de confusion, il est bon de se faire une sorte de liste, comportant les synonymes des noms par lesquels on désigne les événements qui font habituellement l'objet des efforts de mémoire, et de reporter chacun de ces mots au chiffre qui lui appartient.

Etendez votre explication.

Je suppose qu'il soit utile de se rappeler la date d'une

bataille ; on prendra tous les mots qui se rapportent à
cette idée. On trouvera :

Guerre.
Bataille.
Combat.
Charge.
Hostilités.
Militaire.
Lutte.

On voit que ce tableau fournit déjà 7 mots, auxquels on
pourrait adjoindre : duel, engagement, etc... (la méthode
mnémotechnique fait fi de l'ortographe et ne s'occupe que
de l'euphonie.)

Il en sera de même pour chacun des événements sérieux
qui tous pourront être désignés par des mots dont les
lettres initiales correspondront aux chiffres que l'on désire
conserver dans sa mémoire.

Donnez des exemples.

Je suppose que l'on désire se remémorer la date des guerres puniques, celle du début et celle du terme. On trouvera
la date première de 264.

Or, le seul mot qui corresponde au chiffre 2 est celui de
« charge ». Mais comme on possède bien son tableau des
synonymes, on sait que charge est pris ici dans le sens de
guerre.

On obtiendre donc : 2 — charge (ch)
6 — terrible (t)
4 — engagement (an).

Cette phrase sera plus facilement retenue qu'une date et en la prononçant on obtient de suite le rappel souhaité.

Poursuivez cette explication.

Il s'agira ensuite de connaître la date marquant le terme des hostilités. On dira donc :

Charge (ch).	2
Laborieux (l)	zéro.
Combat (c)	1

Et l'on obtiendra la date de 201.

Comment ce procédé indiquera-t-il la durée des hostilités?

Par le choix de deux mots se rapportant au chiffre 63, qui est celui qu'on indique le plus communément. On dira :

Dernière (d)	6
Guerre (gue)	3

Il est très important dans cet exercice, de tendre à la répétition des mêmes mots, autant que cela est possible.

Donnez-en la raison.

Il y en a plusieurs :

1º L'effort de mémoire devient ainsi moins considérable.

2º Les recherches sont effectuées avec plus de promptitude.

Cette synonymie ne peut-elle amener de confusion ?

Il est impossible de se tromper quant à la ressemblance

de la signification, car une confusion de mots amènerait indubitablement un écart si grand dans l'ordre chronologique, qu'il serait impossible de ne point s'en apercevoir.

. Il est, en outre important de faire observer qu'il ne s'agit pas de *deviner* la date, mais bien d'établir une date déjà connue avec des mots que l'on retiendra plus aisément et qui, tous rappelleront la nature de l'événement.

Comment rappelleriez-vous la date de la guerre de 1914 ?

On dirait :
1 (c) combat.
9 (eu) européen.
1 (s) sanglant.
4 (an) engagement.

(On a déjà dit que la mnémotechnie ne s'attachait qu'à la sonorité et non à l'ortographe).

Comment marqueriez-vous la continuation de la guerre en 1915?

On dirait :
1 (c) combat.
9 (eu) européen.
1 (s) sanglantes.
5 (b) batailles.

Donnez, par le même procédé, la date de 1916 :

On dirait, usant toujours des mêmes mots pour les premiers chiffres :
1 (c) combat.

9 (eu) européen.

1 (s) sanglants.

6 (d) déchirements.

Ne peut-il se faire que les mots désirables ne concordent pas avec les chiffres ?

On use dans ce cas de l'inversion.

Donnez des exemples.

Pour simplifier nous réduirons la date à 3 chiffres.

Nous allons supposer qu'il est question d'un pays découvert en 576.

On dira :

5 (p) pays.

7 (n) nouveau.

6 (d) découvert.

Et l'on obtiendra ainsi la date voulue.

Comment traduisez-vous la date de 756 pour indiquer un événement du même genre ?

On dira :

7 (n) nouveau.

5 (p) pays.

6 (d) découvert.

Traduisez la date de 675.

On dira :

6 (d) découvert.

7 (n) nouveau.

5 (p) pays.

Les mots par eux-mêmes (on ne saurait le répéter) n'ont qu'une importance relative. Ils ne sont là que pour fixer la date en circonscrivant les recherches aux expressions qui peuvent s'adapter aux chiffres ainsi qu'à l'idée.

Ne pourrait-il cependant se faire qu'aucune expression ne s'ajustât aux chiffres de la date ?

Dans ce cas, on usera d'un stratagème en donnant au fait que l'on veut retenir un qualificatif.

On dira :

(t) Terrible guerre.

(eu) Heureux règne.

(m) Malheureuse équipée.

(t) Triomphante période, etc., etc...

Comment cette étude doit-elle être pratiquée ?

1º On tracera le tableau des chiffres et des lettres, ou des syllabes correspondant à ces chiffres.

2º On apprendra ce tableau par cœur.

3° On fera, parmi les mots s'adaptant à cette clef, le choix de ceux qui rappellent la nature des faits dont on veut conserver la date (histoire, littérature, peinture, vie des grands hommes, aventures de voyage, découvertes scientifiques, etc., etc...).

4° On apprendra par cœur (ou tout au moins on s'efforcera de retenir) la liste de ces mots, par rapport à l'objet auquel ils font allusion, en usant du procédé indiqué au mot : guerre.

5° On fera l'application de ceux qui semblent le mieux s'adapter comme sens et comme exactitude aux chiffres composant la date.

6° On apprendra ces trois courtes phrases par cœur, de façon à se les rappeler sans effort véritable.

7° On prendra l'habitude de cette opération mentale que nous avons déjà décrite sous le nom de: vision intérieure.

Redites cette définition.

La vision intérieure est une sorte de perception cérébrale, qui nous permet de revoir, en fermant les yeux, se profiler sur l'écran de la mémoire, les objets qui ont frappé notre vue physique.

Quel rapprochement faites-vous entre les procédés mnémo-techniques et la vision intérieure ?

Les différents exercices dont nous avons parlé seront, s'ils sont pratiqués sérieusement, très aisément rappelés à notre mémoire, par la représentation des formes et par la situation des signes conventionnels.

De quelle façon ?

Les sens intérieurs que l'on est convenu d'appeler les yeux de l'esprit, à défaut de ceux du corps, permettront de revoir facilement les figures représentant le graphique simplifié et le graphique complet ; les divisions simples d'abord, les subdivisions ensuite, se reproduiront, comme un paysage familier, dont on pourrait redire tous les détails, malgré la distance qui en interdit la vision physique.

Les points colorés et les signes pareils, indiquant la simultanéité des événements, laisseront la faculté d'embrasser toute une époque et de localiser les faits qui furent contemporains au moment où ils se sont produits.

Enfin, au moyen du langage chiffré, l'erreur grossière sera abolie ; les dates, d'abord laborieusement étudiées, péniblement retenues, par les procédés ordinaires, apparaîtront claires et lumineuses, et se fixeront pour toujours dans la mémoire qui, libérée de son travail ingrat, pourra s'adonner à d'autres intéressants rappels.

La vie intellectuelle et, par extension la vie morale, se trouveront ainsi augmentées, éclairées, pacifiées pourrait-on dire aussi, car délivrées du souci qu'amène toujours la défaillance des souvenirs, elles pourront atteindre à la sérénité, que dispense toujours l'orgueil des acquisitions nombreuses et des conquêtes scientifiques.

B. D.

CONCLUSION

Quel enseignement peut-on recueillir de la lecture de ce volume ?

Cette lecture déterminera surtout une conviction.

Laquelle ?

La mémoire est, ainsi qu'il a été prouvé au cours des pages précédentes, non seulement la clef de la science, mais encore celle de la sagesse qui, par la revivescence des souvenirs anciens, indiquera la route qui conduit au but que chacun convoite : le bonheur.

C'est par la mémoire que les qualités émotives acquièreront le développement et l'acuité qu'on recherche, pour atteindre à la perfection du jugement.

C'est la mémoire, dirigée par l'authenticité certaine des rappels, qui fera prévoir et éviter les dangers.

C'est la mémoire, qui, en utilisant les émotions anciennes, ressuscitera les joies, dont on sera heureux de savourer à nouveau la douceur renouvelée.

C'est toujours la mémoire qui interviendra pour fixer les souvenirs, dont l'évocation servira de base à l'expérience.

C'est la mémoire encore, qui, en apportant la vision représentative de chagrins lointains et ternis, atténuera la douleur présente, en démontrant l'action lénifiante du Temps sur l'acuité de la peine.

Bref, l'acquisition de la Mémoire pourrait se résumer ainsi :

Joies apportées par les conquêtes scientifiques.

Sérénité dispensée par l'intervention de l'expérience.

Résurrection des émotions favorables.

Consolation des soucis présents.

Et, par-dessus tout, agrandissement de la personnalité que la multiplicité des acquisitions intellectuelles amplifie en même temps qu'elle assure une mentalité supérieure, dont les manifestations affermiront la marche dans la route du *Mieux*.

TABLE DES MATIERES

ÉTAMPES. — IMP. " LA SEMEUSE ". — 28.931

www.ingramcontent.com/pod-product-compliance
Lightning Source LLC
Chambersburg PA
CBHW070753290326
41931CB00011BA/2001